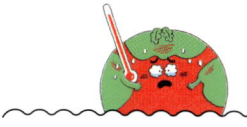

쉽게 배우는 기후 위기,
초등 지구 환경 사전

더운 지구
뜨거운 지구
펄펄 끓는 지구

유다정 글
김잔디 그림
박기영 감수

파스텔하우스

머리말

지구 온난화라는 말이 지구 열대화로…
바뀌는 단어에 숨겨진 지구 환경 이야기

지구 열대화, 탄소, 미세 플라스틱, 기후 위기 등……. 인터넷이나 방송에서 자주 만날 수 있는 '환경'과 관련된 단어야. 너도 한 번쯤 들어 본 적 있겠지? 그럼 이 단어들의 뜻도 잘 알고 있어?

음, 조금 어렵거나 새롭게 느껴지는 단어도 있을 거야. 우리가 사는 지구 환경은 매일 조금씩 변하고 있어서 시간이 지나며 새로 생기는 말도 있고, 바뀌는 말도 있거든.

"지구 온난화의 시대는 끝났습니다.
이제 지구 열대화 시대가 시작되었습니다!"

2023년 여름, 국제 연합(UN) 사무총장은 이렇게 경고했어. 지금까지 지구가 더워진다는 뜻으로 써 온 '지구 온난화' 대신, 지구가

 펄펄 끓는다는 뜻의 '지구 열대화'로 말을 바꾼 거지. 환경 오염이 심해지면서 지구의 온도가 전보다 더 올랐으니까.

 이처럼 환경 단어를 잘 알고 쓰는 것은 지금 우리가 처한 환경을 제대로 이해하는 데 큰 도움이 돼. 그래서 이 책에서는 요즘 흔히 쓰는 단어를 가지고 지구 환경 문제를 한눈에 보여 주려 해.

 책을 쓰는 동안 이런 생각이 들었어. 심각한 환경 문제를 해결하는 방법을 우리는 이미 많이 알고 있다고 말이야. 단지 부족한 건 나, 우리, 그리고 세계가 더 적극적으로 실천하려는 의지일 뿐이지.

 지구 환경 문제를 제대로 알았다면, 실천도 하나씩 해 보면 어때? 아름답고 건강한 지구라는 희망은 한 사람, 한 사람의 작은 손과 목소리에서부터 시작되는 거니까.

지은이 유다정

차례

1장 뜨겁던 지구가 이제는 펄펄 끓고 있어
지구 열대화를 이해하는 단어 10

1 풍요롭고 편하게 사는 환경이 왜 문제야? · 10
   환경

2 지구도 너처럼 따뜻한 이불을 덮어 · 14
   온실가스/온실 효과

3 이불이 너무 두꺼워졌어, 지구에 열이 펄펄 나 · 16
   지구 온난화/지구 열대화

4 소가 방귀를 뀔수록 지구가 더 뜨거워진다고? · 18
   방귀 세

5 봄이 너무 일찍 오면 벌과 나비가 죽게 돼 · 20
   기후 변화/기후 위기

2장 우리 주변부터 우주까지 꽉꽉 찬 쓰레기
쓰레기를 이해하는 단어 10

11 쓰레기도 다이어트에 도전해 · 38
   쓰레기 제로(제로 웨이스트)

12 나보다 5배는 더 오래 사는 부담스러운 쓰레기 · 42
   플라스틱

13 일주일에 신용 카드 한 장만큼 플라스틱을 먹는다고? · 44
   미세 플라스틱

14 소리 없이 바다 동물들을 죽이고 있는 것은? · 46
   바다 쓰레기

15 지금 바다에는 진공청소기가 필요해 · 48
   쓰레기 섬/바다 쓰레기통

6 날씨가 대체 왜 이래? 세계 곳곳의 이상한 날씨 · 22
기상 이변/기후 재난

7 우리나라도 바닷물에 잠길 거라고? · 26
해수면 상승

8 기후 때문에 여기서 더는 못 살겠어, 어디로 가지? · 28
기후 난민

9 너는 얼마나 많은 탄소를 세상에 남겼니? · 30
탄소 발자국/디지털 탄소 발자국

10 나오는 탄소의 양 − 흡수하는 탄소의 양 = 0 · 32
탄소 중립

기후 악당들! 어린이 환경 운동가가 나선다 · 34
그레타 툰베리 이야기

16 지구를 깨끗하게 쓰다듬어 주는 방법 · 50
플로깅(쓰담 달리기)/비치코밍

17 쓰레기를 잘 활용하면 명품이 된다고? · 52
재사용/재활용/새활용

18 편리한 모습 뒤에 독성을 꽁꽁 숨기고 있어 · 54
전자 쓰레기

19 지구를 넘어 우주까지 쓰레기로 꽉꽉 차 있어 · 56
우주 쓰레기

20 우리는 쓰레기를 사지 않을 권리가 있어 · 58
순환 경제/자원 순환

환경 챌린지, 나도 해 볼래! · 60
참여하는 환경 보호 이야기

3장 생태계 한 곳이 무너지면 다른 곳도 무너져
생태계를 이해하는 단어 10

21 따로따로가 아니라 모두 하나로 연결되어 있어 · 64
   생태계

22 꿀벌이 위험해지면 사람도 위험해진다고? · 66
   생태계 파괴

23 더 크게 더 달게 먹고 싶어, 욕심이 가져오는 멸종 · 68
   생물 다양성/유전자 다양성

24 지구를 살려 낼 영웅, 작은 씨앗 하나! · 70
   씨앗 전쟁/씨앗 은행/씨앗 금고

25 먹을 사람은 많아지고, 먹을거리는 줄어들고 · 72
   식량 위기

4장 세상을 움직이는 힘, 착한 에너지가 필요해
에너지를 이해하는 단어 9

31 온 세상이 오늘도 잘 굴러가게 하는 힘 · 90
   에너지

32 에너지를 만드는 원료를 너무 빨리 써 버렸어 · 92
   화석 연료

33 두 얼굴을 가진 에너지 · 94
   원자력

34 계속 쓸 수 있고 환경 오염이 없는 착한 에너지 · 96
   재생 에너지

35 우리가 꼭 갖고 싶은 꿈의 에너지 · 100
   인공 태양/다이슨 구

26 먹음직스러운 음식, 어떻게 만들어졌을까? · 74
지엠오(GMO, 유전자 조작 생물체)

27 못난이 채소의 반전 매력! 가장 맛있고 안전해 · 76
유기농/로컬 푸드

28 지구에서 영원히 안녕, 만날 수 없게 된 동물들 · 78
멸종 동물/멸종 위기 동물

29 지구의 허파에서 산소가 아닌 탄소가 나온다고? · 82
열대 우림

30 숨 쉬기 너무 힘들어, 황사를 없앨 수 있을까? · 84
사막화

살금살금 파고드는 나쁜 화학 물질을 피해라 · 86
환경 호르몬 이야기

36 전기가 멈추는 날은 세상이 멈추는 날 · 102
대정전(블랙아웃)

37 축구공을 차고 놀면 전기가 만들어진다고? · 104
적정 기술

38 어떤 상황에서도 에너지를 지켜라! · 106
에너지 안보

39 지구 환경을 잘 지키는 기업만이 성공해 · 108
RE100

하루 딱 1킬로와트, 에너지를 아끼는 방법 · 110
쉬운 전기 절약 이야기

찾아보기 · 112
가로세로 퀴즈 · 115

1장
뜨겁던 지구가 이제는 펄펄 끓고 있어

여름에 너무 더워서 힘들 때를 떠올려 봐.

열나고, 땀이 흐르고, 목마르고, 어질어질하기까지 해.

그럼 얼른 시원한 곳에 가서 쉬어야 하지.

그런데 말이야, 지금 지구가 그렇게 더워하고 있어.

하지만 지구는 시원한 곳을 찾아갈 수 없단다.

열을 식히지 못해 부글부글 끓을 지경이지.

지구가 대체 왜 이럴까?

지구 열대화를 이해하는 단어 10가지를 알아보자.

풍요롭고 편하게 사는 환경이 왜 문제야?
환경

"환경이 문제다."
"환경이 망가지고 있다."

이런 말 많이 들어 봤지? '지구 환경', '환경 문제', '환경 단체' 같은 단어도 자주 봤을 거야. 그런데 이 말 속의 '환경'이라는 단어는 정확히 무슨 뜻일까?

환경은 우리 삶에 영향을 주는 모든 것이야. 그러니까 우리를 둘러싼 전부를 말하지. 예를 들어 집은 네가 잠자고, 밥 먹고, 숙제하고, 가족과 함께 지내는 환경이야. 학교는 공부하고, 친구들과 만나는 환경이지. 이 밖에도 학원, 놀이터 등 너를 둘러싼 모든 게 환경에 속해.

이렇게 보면 환경은 내 주위에만 있는 거 같아. 하지만 수많은 사람이 세계 곳곳에 흩어져 산다는 걸 생각해 봐. 결국 사람이 사는 지구 전체가 커다란 환경인 거야.

"환경을 지키자."

이 말도 많이 들었겠지? 도대체 환경이 뭐가 문제길래 지키자는 걸까? 잘 들어 봐.

우리가 사는 환경은 시대에 따라 계속 달라졌어. 원시인이 살던 옛날 환경을 상상해 볼까? 그때는 넓게 펼쳐진 자연 속에서 사는 데 꼭 필요한 것만 구해서 살았어. 나무 열매를 따 먹거나 동물을 사냥해 먹었고, 동굴 속에서 잠을 자고, 나뭇잎과 동물 가죽으로 옷을 해 입었지.

그런데 지금은 어때? 옛날과 환경이 정말로 달라졌어. 원시인들이 자연 속에서 어렵게 먹을거리를 구했다면, 지금은 마트나 식당에 가서 맛있고 좋은 음식을 마음껏 골라 먹어. 쇼핑몰에 가면 멋진 옷도 수십 벌씩 사 입을 수 있지. 집도 대부분 빌딩이나 높은 아파트로 변했어.

오랜 세월 사람들은 이처럼 환경을 더 편리하고 풍요롭게 바꾸어 왔단다. 기계와 공장 등을 갖추어서 생활에 필요한 것들을 더 빨리, 더 많이 만들어 냈지. 옛날에는 무언가가 필요하면 사람의 손으로 하나씩 느릿느릿 만들었는데, 기계가 나오자 상상도 못 하게 빠르고 쉬워진 거야.

이렇게 무언가를 만드는 방식이 완전히 변한 걸 **산업 혁명**이라고 해. 공장에서 기계를 돌려 모든 것을 쉽게 만드니 물건은 점점 많아져 넘치게 되었고, 우리 쓸쓸이도 계속 커져 왔단다.

그럼 풍요로워졌으니까 좋은 환경이 된 게 아니냐고?

정말 좋기만 할까? 옛날 사람들은 무언가를 만들 때, 집을 따뜻하게 할 때, 나무를 조금 태워서 쓰는 것만으로 충분했어. 하지만 공장의 기계는 나무를 태우는 것만으로는 돌릴 수 없었어. 기계를 돌릴 만한 커다란 에너지를 내는 연료가 필요해졌지.

그래서 쓴 게 석탄 같은 **화석 연료**야. 화석 연료를 때서 얻는 에너지로 기계는 잘 돌아갔지만, 화석 연료가 탈 때 시커먼 연기가 나왔단다. 바로 환경을 오염시키고 지구가 더워지게 하는 물질이었지. 이런 일이 18세기부터 시작되어 계속 이어져 왔어. 그래서 지금은 **환경 오염**이 아주 심각해진 상황이야.

우리가 편리함과 풍요로움을 누릴수록 지구 환경은 더 오염되는 셈! 이제 환경을 지키자는 말을 이해하겠니?

지구도 너처럼 따뜻한 이불을 덮어
온실가스/온실 효과

 잠을 잘 때 너는 이불을 덮지? 지구도 너처럼 이불을 가지고 있어! 이렇게 생각해 보자. 지구는 너고, 태양은 보일러고, 대기(지구를 둘러싼 공기층)는 이불이라고.

 보일러를 틀고 있더라도 네가 잘 때 이불을 덮지 않으면 곧 추워질 거야. 이불을 잘 덮어야 방바닥 열이 이불 밖으로 다 빠

온실 효과

온실 기체는 생명체가 살기 좋은 온도를 지켜 줘.

져나가지 않아 계속 따뜻하게 잘 수 있지.

지구도 이와 비슷해. 태양이 보내는 에너지는 지구를 데워 주지만 이불이 없다면 그 열이 금방 빠져나가서 추워질 거야. 이때 이불처럼 열이 남아 있게 해 주는 게 **온실가스(온실 기체)** 란다. 온실가스는 지구를 둘러싼 공기층인 대기에서 이렇게 열을 붙잡는 일을 해. 이 일을 **온실 효과** 라고 불러. 덕분에 지구는 너무 춥지 않게 생명체가 살기 좋은 온도로 유지되지.

온실 효과를 일으키는 온실가스에는 이산화 탄소, 아산화 질소, 메탄 등이 있어. 그중 가장 대표적인 게 **이산화 탄소**! 이산화 탄소는 석탄, 석유, 천연가스 같은 화석 연료를 태울 때 많이 나와. 그런데 산업 혁명 때부터 공장과 기계를 돌리기 위해 화석 연료를 많이 썼다고 했지? 따라서 이산화 탄소 등 온실가스가 크게 늘어났어.

온실가스는 지구에 필요한 열을 지켜 주지만 너무 많으면 문제가 돼. 태양 에너지가 지구를 데운 열이 어느 정도는 다시 빠져나가야 하거든. 그런데 온실가스가 점점 많아지면? 열을 지나치게 많이 붙잡게 되지. 그럼 지구가 더워지는 거야. 지금은 더 심해져서 지구가 펄펄 끓는 상황까지 왔어. 그러니 생명체가 살기 좋은 지구를 위해서는 온실가스를 줄여야만 한단다.

이불이 너무 두꺼워졌어, 지구에 열이 펄펄 나
지구 온난화 / 지구 열대화

온실가스가 많아지는 건 지구의 이불이 점점 두꺼워지는 거라고 생각하면 쉬워. 네가 보일러를 튼 방바닥에 아주 두꺼운 이불을 덮고 누워 있다고 해 봐. 이불이 두꺼우니 열이 빠지지 않아 시간이 갈수록 더 더워지겠지? 그럼 넌 헥헥거리고 땀을 삐

질찔질 흘리다가 결국 이불을 뻥 걷어찰 거야. 지구도 비슷해. 하지만 지구는 온실가스가 있는 대기를 걷어찰 수는 없어. 헥헥거리며 계속 참을 수밖에.

이처럼 지구의 온도가 점점 높아지는 것을 **지구 온난화**라고 해. 사람 체온이 36.5~37.5도 정도인데, 여기서 1~2도만 더 올라도 열이 나고 몸이 아프잖아. 지구가 바로 그 상태야. 산업 혁명 이후 지구의 평균 온도는 약 1.2도나 올랐어. 1.5~2도까지 오르면 아마 지구는 사람이 살기 어려운 환경이 될 거야.

지금도 지구의 온도는 계속 오르고 있단다. 이제는 더운 걸 넘어서 펄펄 끓는다는 뜻으로 **지구 열대화(지구 열탕화)**라고 부르지. 지구가 이렇게 된 건 대기에 온실가스가 너무 많아져서야. 온실가스가 많을수록 열을 더 많이 붙잡아 두니까. 온실가스 중 가장 많은 이산화 탄소는 우리가 풍요롭고 편리한 생활을 할 때마다 만들어지고 있어. 새로운 물건을 만들 때, 자동차나 비행기가 움직일 때, TV나 스마트폰 등을 쓸 때 등 에너지가 필요한 일을 할 때는 언제나 나오고 있지.

지구가 더워지지 않게 할 수는 없을까? 할 수 있어! 온실가스를 줄이는 방법을 찾아서 지구의 이불을 예전처럼 얇게 만들어 주는 것! 이 책이 끝날 때까지 함께 공부해 보자.

소가 방귀를 뀔수록 지구가 더 뜨거워진다고?
방귀 세

방귀 세는 소가 방귀를 뀐다며 소를 키우는 사람에게 세금을 내게 하는 제도야. 소가 자연스레 방귀를 뀌는 건데 왜 돈을 내라는 걸까? 그깟 방귀가 뭐라고 말이야.

소, 양, 염소처럼 되새김질하는 동물의 방귀에는 메탄이라는 게 많이 들어 있어. 꺽 하고 트림할 때나 뿌직 똥을 쌀 때도 메탄이 나오지. 그런데 **메탄**도 온실가스야. 이산화 탄소보다 양은 적지만 강력한 온실 효과를 일으키지. 그래서 지구 열대화를 더 심각하게 만들고 있어.

에스토니아, 덴마크, 아일랜드 등 소를 많이 키우는 나라에서는 지구 환경에 책임을 지며 방귀 세를 걷고 있어. 아무리 그래도 공장의 기계도 아닌 동물인데, 그렇게나 문제가 될까? 소 한 마리가 하루에 내보내는 메탄의 양은 많게는 약 500리터 정도야. 도로를

달리는 자동차 한 대가 하루에 내보내는 온실가스와 맞먹지. 이런 소가 전 세계에 수억 마리나 있어.

그럼 메탄은 어떻게 줄일까? 이렇게 소를 많이 기르는 이유는 고기를 좋아하는 사람이 많아서야. 그러니까 고기 먹는 것을 일주일에 한 번만 줄여도 도움이 되겠지? 또 과학자들은 소 트림에서 메탄을 빨아들이는 소 마스크, 똥오줌에서 메탄을 뽑아 에너지로 바꿔 쓰는 장치도 개발하고 있어.

이 밖에도 메탄은 음식물 쓰레기가 썩는 곳에서 많이 만들어져. 그러니까 우리 모두 음식은 먹을 만큼만 조금씩 덜어서 깨끗이 다 먹기로 약속해!

메탄은 초강력 온실가스!

봄이 너무 일찍 오면 벌과 나비가 죽게 돼
기후 변화/기후 위기

기후 변화는 말 그대로 기후가 변하는 거야. 먼저 기상과 기후의 차이를 알려 줄게. **기상**은 매일의 날씨를 뜻해. 맑고, 흐리고, 비가 오는 것처럼 하루 동안 기온, 비, 구름, 바람의 상태이지. 그런데 **기후**는 날마다 달라지는 날씨를 긴 시간 동안 관찰해서 평균을 낸 거야. 1월은 매우 춥고, 8월은 매우 덥고, 10월은 선선한 것처럼 매년 반복되는 날씨의 패턴을 말한단다.

그런데 이 기후가 지구 열대화로 빠르게 변하고 있어. 예전부터 이어지던 익숙한 날씨의 패턴이 빠른 속도로 달라진다는 거야. 우리나라는 봄, 여름, 가을, 겨울, 사계절이 뚜렷하게 나누어지는 날씨였지. 하지만 요즘은 어때? 봄과 가을은 거의 없는 듯 휙 지나가고, 여름은 전보다 훨씬 덥고 길어지고 있어. 겨울은 점점 짧아지고 있고.

그런데 기후가 변하는 게 왜 문제일까? 생각해 봐. 기후가 변하면 봄에 새싹이 돋고, 꽃이 피고, 가을에 열매를 맺는 등 식물이 자라는 시기가 달라져. 온도에 따라 자라는 식물의 종류가 달라지기도 해. 그럼 식물에 기대어 사는 동물들이 적응하기가 힘들어져. 농사를 지어 먹고사는 우리 사람까지 어려움을 맞지.

예를 들어 벚꽃은 보통 4월이 되어야 피었지만 기후 변화로 이제 3월이면 피고 있어. 봄에 꽃을 먹이로 하는 벌과 나비가 나오기도 전에 꽃이 일찍 피었다가 져 버리는 거야. 그래서 요즘 굶어 죽는 벌과 나비가 많단다. 그래서 기후 변화를 **기후 위기**라고도 불러. 기후가 생물들의 생명까지 위태롭게 하니까.

기후 변화로 생기는 무서운 일들을 뒤에서 더 알아보자.

날씨가 대체 왜 이래? 세계 곳곳의 이상한 날씨
기상 이변/기후 재난

"요즘 날씨가 왜 이래?"

어른들이 이런 말을 자주 해. 사람이 쓰러질 정도로 심각한 더위가 찾아오거나 하늘이 뚫린 것처럼 비가 쏟아지는 등……, 전에는 못 보던 극단적인 날씨를 자주 겪게 되었지. 보통의 날씨를 크게 벗어난다고 해서 **기상 이변**이라고 불러.

기상 이변도 지구 열대화가 부른 기후 변화로 생겨나. 물론 지구가 더워진다고 날씨도 다 더워지기만 하는 건 아니야. 바뀐 환경이 복잡하게 영향을 주고받으며 지구의 어디는 너무 덥고, 어

디는 너무 춥고, 이곳은 비가 너무 많이 오고, 저곳은 가뭄이 심해지는 등 극단적인 날씨가 펼쳐지지.

전에 없던 강력한 태풍, 가뭄, 폭염, 홍수 등으로 사는 곳이 파괴되거나 생명을 잃는 경우에는 **기후 재난**이라고 불러. 날씨가 우리에게 큰 고통을 주는 재난이 되는 거지. 세계 곳곳의 이상한 날씨 이야기를 들어 볼래?

쿠웨이트는 땅 대부분이 사막인 나라야. 여름에는 온도가 거의 60도까지 올라가는 세계에서 가장 더운 나라이기도 해. 그런데 2022년 12월 어이없게도 우박과 함박눈이 쏟아졌어. 뜨거운 사막의 나라가 한순간에 눈의 왕국이 되어 버렸지.

같은 시기 미국 뉴욕에도 이상한 날씨가 이어졌어. 심한 눈 폭풍이 몰아쳐서 1미터 넘게 눈이 쌓였지. 도시가 다 하얀 눈 속으로 사라졌고, 사람들은 눈에 파묻혀 구조되기만을 기다렸어.

한편 파키스탄은 물바다가 되었어. 2022년 6월부터 9월까지 큰비가 쉬지 않고 왔거든. 나라의 3분의 1이 물에 잠겨서 아예 사라져 버렸다고! 믿을 수 있니? 큰 피해를 입은 건 물론이고, 목숨을 잃은 사람도 많았어.

반대로 유럽에는 심각한 폭염과 가뭄이 찾아왔어. 유럽 대륙의 절반 넘는 곳이 바짝바짝 말라 갔지. 옥수수, 콩 같은 곡식 수확이 어려워졌고, 먹을 물조차 부족했어. 강은 다 말라 헝거 스톤이 보였단다. 헝거 스톤은 가뭄이 심해 강바닥이 드러날 때 보이는 돌을 말해. 오랜 세월에 걸쳐 가뭄마다 사람들은 그 돌에

연도와 경고의 말을 새겼어. 먹을 게 없으니 배고픔의 돌이라고 부르면서 말이야. 독일과 체코를 흐르는 엘베강의 헝거 스톤에는 의미심장한 말이 새겨져 있어.

"내가 보이면 울어라!"

우리 삶을 한순간에 무너뜨리는 기후 재난에서 언제까지나 안전한 곳은 없어. 덥고 건조한 날씨가 길어지면서 2023년에는 그리스, 캐나다, 하와이가 몇 달이나 이어진 큰 산불로 고통받았지. 세계 곳곳에서 늘어나는 기후 재난은 지구 열대화의 무서운 결과를 생생하게 보여 준단다.

우리나라도 바닷물에 잠길 거라고?
해수면 상승

"더 기다릴 수 없어요!"

남태평양에 있는 작은 섬나라 투발루의 장관이 바닷물에 들어간 채로 호소했어.

"투발루는 매일 바닷속으로 가라앉고 있다고요!"

투발루 장관이 호소한 곳은 원래 땅이었어. 하지만 바닷물 높이가 점점 올라가면서 이제 바다가 되었지. 투발루는 섬 9개로 이루어진 나라인데, 그중 2개가 가라앉았단다. 이처럼 바닷물이 높아지는 현상을 **해수면 상승**이라고 해. 왜 그럴까? 여러 이유가 있지만 가장 큰 이유는 빙하가 녹고 있기 때문이야.

빙하는 수백 수천 년 동안 눈이 두껍게 쌓여 만들어진 지구의 얼음층이란다. 하지만 기후가 더워지면서 빙하가 점점 녹아 사라지고 있어. 녹은 만큼 바닷물은 더 높아지는 거고.

투발루, 피지, 마셜 제도, 바베이도스 등 섬으로 이루어진 몇

몇 다른 나라들도 바다에 잠길 위기를 호소하고 있어. 나라가 잠기면 이곳 사람들은 대체 어디로 가서 살아야 할까?

이건 단지 몇몇 먼 섬나라만의 이야기는 아니야. 지구 열대화가 지금처럼 계속된다면 2050년에는 영국 런던 일부가 물에 잠긴다는 예측 결과도 나왔어. 이쯤이면 우리나라도 인천과 부산 같은 바닷가 지역은 물에 잠기는 일이 많아질 거야. 인천국제공항 같은 중요한 시설까지도 말이지.

해수면 상승의 이유인 기후 변화는 앞서 발전한 선진국들이 그동안 온실가스를 많이 내보낸 책임이 커. 하지만 그 피해는 인구도 적고, 큰 공장도 없는 작은 섬나라들이 먼저 겪고 있으니 정말로 안타깝지. 책임이 있는 나라부터 반성하고 당장 힘을 모아 기후 변화를 막는 일에 나서야 해.

기후 때문에 여기서 더는 못 살겠어, 어디로 가지?
기후 난민

난민은 전쟁이나 재난이 일어나서 어쩔 수 없이 살던 곳을 떠나는 사람을 뜻해. 하지만 지금은 전쟁이 없어도 세계 곳곳에서 난민이 생기고 있어. 바로 바뀐 환경 때문이지. 앞에 나온 투발루 사람들을 봐. 바닷물이 점점 높아지니 나라가 다 잠기기 전에 꼭 떠나야 해. 이처럼 기후 변화로 환경이 변해 살던 곳을 떠나는 사람을 **기후 난민**이라고 한단다.

투발루 사람들은 바닷속으로 가라앉을 염려가 없는 높은 땅이 있는 이웃 나라로 이사 가고 싶어 해. 하지만 그 나라에서는 투발루 사람들을 모두 받아 주기는 힘들다고 하지. 여러 가지 조건을 내세워 거기에 맞는 몇몇 사람만 올 수 있게 하는 거야. 그럼 나머지 사람들은 어디로 가야 할까?

몽골의 유목민들도 기후 난민이 되어 고향을 떠나고 있어. 몽골은 기후 변화로 가뭄이 심해졌어. 나라의 절반도 넘는 곳이 황

량한 사막이 되었지. 강과 호수가 사라지고, 풀도 다 말라 가축을 더는 기를 수 없어. 심한 모래 폭풍이 불면 몸을 가누기도 힘들 정도란다. 그러니 결국 떠나야 하는 거야.

한편 파키스탄은 엄청난 폭우로 나라의 3분의 1이 물에 잠겨서 국민들이 하루아침에 살 곳을 잃고 기후 난민이 되었어. 소말리아, 에티오피아 등은 최악의 가뭄이 닥쳐 많은 사람이 죽거나 나라를 떠났지.

2050년이 되면 기후 난민은 전 세계에 1~2억 명이나 될 거라고 해. 수많은 사람이 고향과 나라를 떠나야 하지만 이들을 다 받아 줄 곳도 언제까지나 안전한 곳도 없어. 대체 어디로 가야 할까? 이게 바로 기후 변화를 당장 멈추어야 하는 절실한 이유야.

너는 얼마나 많은 탄소를 세상에 남겼니?
탄소 발자국/디지털 탄소 발자국

물건을 만들고, 사용하고, 쓰는 과정에서는 에너지가 필요해. 그리고 에너지를 쓰면 언제나 온실가스가 따라 나오지.

네가 마신 음료수로 볼까? 공장에서 음료수와 병을 만들 때 온실가스가 나와. 마트까지 차로 보낼 때 온실가스가 나오고, 시원한 냉장고에 있을 때도 온실가스가 나오지. 음료수를 마시고 병을 버리면 그걸 치우고 없앨 때도 온실가스가 만들어져.

이처럼 한 물건을 만들고 쓸 때 나오는 온실가스 양을 계산한 것을 **탄소 발자국**이라고 해. 온실가스 중 가장 많은 건 이산화 탄소(줄여서 탄소라고도 불러.)니까 탄소가 마치 지구에 발자국을 찍은 것 같다는 의미란다.

네가 물건을 산다면 겉 포장을 잘 살펴봐. 탄소 발자국이 표시된 게 있을 거야. 여기 적힌 숫자가 이 물건을 만들고 쓰는 데 나오는 전체 온실가스 양이지.

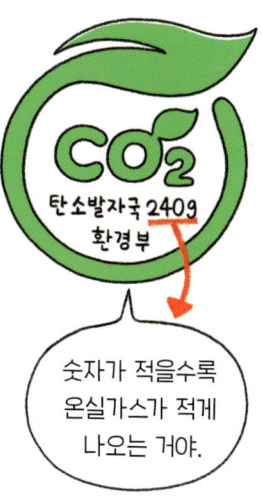

숫자가 적을수록 온실가스가 적게 나오는 거야.

탄소 발자국을 확인하면 온실가스를 적게 만드는 물건을 골라 살 수 있어. 그럼 기업도 탄소 발자국을 줄인 물건을 더 많이 내놓겠지? 탄소 발자국은 아직 모든 제품에 다 표시되어 있지는 않지만 우리가 관심을 가질수록 표시된 제품이 늘어날 거야.

뿐만 아니라 디지털 기기나 데이터를 쓸 때, 온라인에서 활동하는 일에서도 온실가스가 만들어져. 온라인 쇼핑하고, 유튜브 보고, 채팅하고, 메일 보내고……, 이때 나오는 온실가스의 양을 표시한 것은 **디지털 탄소 발자국**이라고 해.

디지털 탄소 발자국도 줄일 수 있을까? 그럼! 필요 없는 메일이나 파일은 곧바로 삭제하기, 동영상은 스트리밍보다 다운받아서 보기, 디지털 기기를 절전 모드로 쓰기, 모니터는 너무 밝게 하지 않기……. 정말 쉽지?

유튜브 10분 = 탄소 발자국 1g, 이메일 1통 = 탄소 발자국 4g, 디지털 탄소 발자국도 확인해!

나오는 탄소의 양 – 흡수하는 탄소의 양 = 0
탄소 중립

우리는 풍요롭고 편리한 생활을 위해 그동안 온실가스를 너무 많이 만들었어. 지금까지 본 기후 위기를 막으려면 온실가스를 반드시 줄여야 해. 우리가 내보낸 탄소(온실가스)만큼을 똑같이 줄여서 0으로 만들자고도 하는데, 그게 바로 **탄소 중립**이야.

나오는 탄소의 양 – 흡수하는 탄소의 양 = 0

이렇게 말이야. 자동차 만드는 것을 생각해 볼까? 자동차는 수많은 부품들이 모여서 완성돼. 공장에서 그 부품들을 만들고 조립할 때 에너지를 쓰니까 온실가스가 많이 나오겠지? 예를 들어 탄소가 100만큼 나올 거라고 해 보자.

나오는 탄소 100만큼을 줄이기 위해 사막에 나무를 많이 심어서 80만큼 탄소를 흡수해. 또 재생 에너지를 사용해서 탄소를 20만큼 또 줄이는 거야.

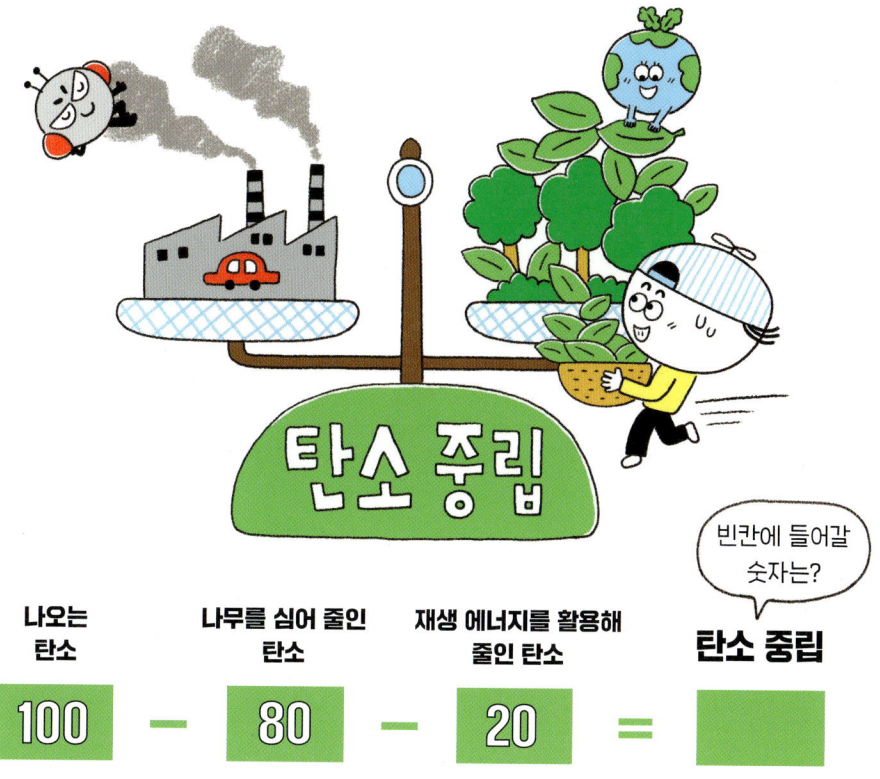

그럼 빈칸은 몇이 되지? 바로 0이야. 이게 탄소 중립이란다. 어때? 탄소 중립으로 온실가스 양이 언제나 0이 된다면 지구 열대화도 기후 위기도 없이 지구 환경은 건강할 거야.

탄소 중립은 기업뿐 아니라 우리도 힘을 보탤 수 있어. 생활에서 만드는 온실가스를 조금이라도 줄이는 거지. 안 쓰는 조명을 꺼서 10만큼 줄이고, 컴퓨터 게임을 조금만 해서 10만큼 줄이고, 학용품을 오래 써서 10만큼 줄이고……. 완전히 0으로 만들지 못해도 매번 조금씩 줄이면 너도 탄소 중립을 돕는 셈이야!

기후 악당들! **어린이 환경 운동가**가 나선다

그레타 툰베리 이야기

세계에서 온실가스를 가장 많이 내보내는 나라는 어디일까? 2022년 기준으로 중국, 미국, 인도! 이 세 나라가 지구 전체 온실가스의 45퍼센트나 만들고 있어.

기후 위기가 심각해지자 세계 각 나라들이 모여 온실가스를 줄이자고 2016년 함께 약속했어. 이것을 파리협정이라고 해. 하지만 미국은 금방 약속을 깼어. 자기 나라 경제를 발전시켜야 한다며 얌체처럼 군 것이지. 이렇게 온실가스를 줄이는 일과 기후 위기에 책임지지 않으려는 나라를 **기후 악당**이라고 불러.

이렇게 몇몇 나라의 지도자들과 어른들이 환경 문제에 이기적인 태도를 보이는 반면, 환경 문제에 앞장서는 어린이도 있어.

크레타 툰베리는 스웨덴의 **어린이 환경 운동가**로 유명해. 학교에서 기후 위기에 대해 배우고 나서 15살 때 환경 운동에 뛰어들었지(지금은 20살이 되었어.). 툰베리는 매주 금요일 국회 의사당 앞으로 가서 '미래를 위한 금요일'이라는 1인 시위를 했어. 지금까지 환경을 망가뜨린 건 어른들이지만 정작 미래에 그 환경에서 살아가야 하는 건 어린이들이야. 지금 어린이들도 깨끗한 환경을 다 누리지 못하는데, 앞으로 태어날 아기들은 어떤 환경을 마주하게 될까?

"어른들이 기후 위기를 모른 척하는 건 어린이의 미래를 훔치는 거예요!"

그러니 미래를 더 오래 살아갈 어린이와 청소년도 환경에 관심을 가지고, 어른들에게 환경을 잘 지켜 달라고 요구할 수 있어야 해. 툰베리의 환경 운동은 점점 널리 퍼져서 지금은 세계의 수많은 어린이와 청소년이 같이하고 있어.

미래의 환경은 어린이의 것! 환경을 공부하고, 환경 보호를 실천하고, 어른들이 환경을 망가뜨리지 못하게 목소리를 내어 봐.

탄소 발자국이 엄청 큰 비행기 대신 기차를 타는 캠페인도 벌였지.

2장

우리 주변부터 우주까지 꽉꽉 찬 쓰레기

네가 하루 동안 버리는 것을 다 떠올려 봐.
과자를 먹고 버린 봉지, 물을 마시고 난 빈 병,
가족이 함께 시켜 먹은 배달 음식 용기들,
집으로 온 택배 상자와 포장들……
정말 많지? 이 쓰레기는 결국 다 어디로 갈까?
쓰레기를 이해하는 단어 10가지를 알아보자.

쓰레기도 다이어트에 도전해
쓰레기 제로(제로 웨이스트)

쓰레기는 우리가 사용하다가 더는 쓸모가 없어져서 버리는 것들을 말해. 먼 옛날에는 쓰레기라는 게 딱히 없었어. 원시인들은 동굴이 집이고, 나뭇잎이 옷이고……. 모든 걸 자연에서 바로 얻었으니까 쓰다가 버려도 금방 자연으로 돌아갔거든.

하지만 오늘날은 달라. 네가 사는 집은 무엇으로 만들어졌니? 대부분 콘크리트와 철근으로 지어져. 네가 입는 옷은 무엇으로

쓰레기가 분해되는 데 드는 시간

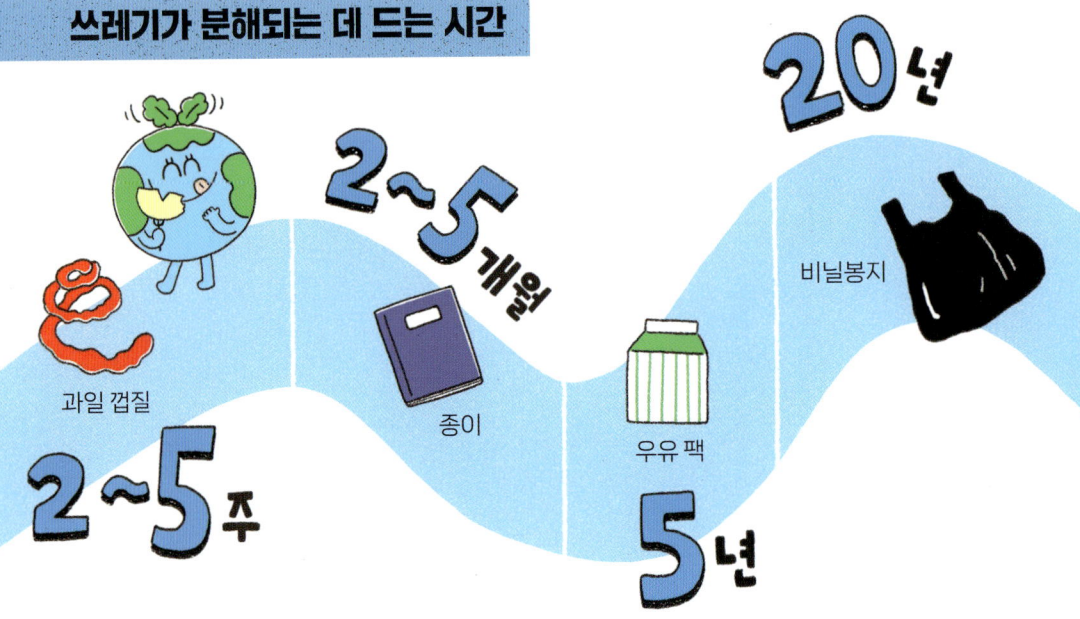

과일 껍질 2~5주
종이 2~5개월
우유 팩 5년
비닐봉지 20년

만들어졌어? 합성 섬유로 된 옷에는 화학 성분이 들어가지. 이런 재료는 자연으로 다시 돌아가기가 힘들어. 수십 년, 수백 년이 지나도 그대로 남아 있다고!

예전에는 쓰레기가 나오더라도 양이 훨씬 적었어. 인구가 적은 데다 그리 많은 것을 가지지 못해서 버릴 것도 별로 없었지. 반면 오늘날은 인구가 훨씬 많아진 데다 정말 풍족하게 살잖아. 뭐든 쉽게 살 수 있고, 쉽게 버릴 수 있어. 덩달아 쓰레기도 엄청나게 늘어났지.

오늘 네가 버린 걸 떠올려 볼래? 배달 음식을 먹고 나온 플라스틱 용기, 장난감 포장지, 음료수 병, 과자 봉지 등. 흔히 버리는 것들이지만 모두 분해가 잘 안 돼. 수백 년이 지나도 그대로 있으니 쓰레기는 쌓이고 또 쌓이고…….

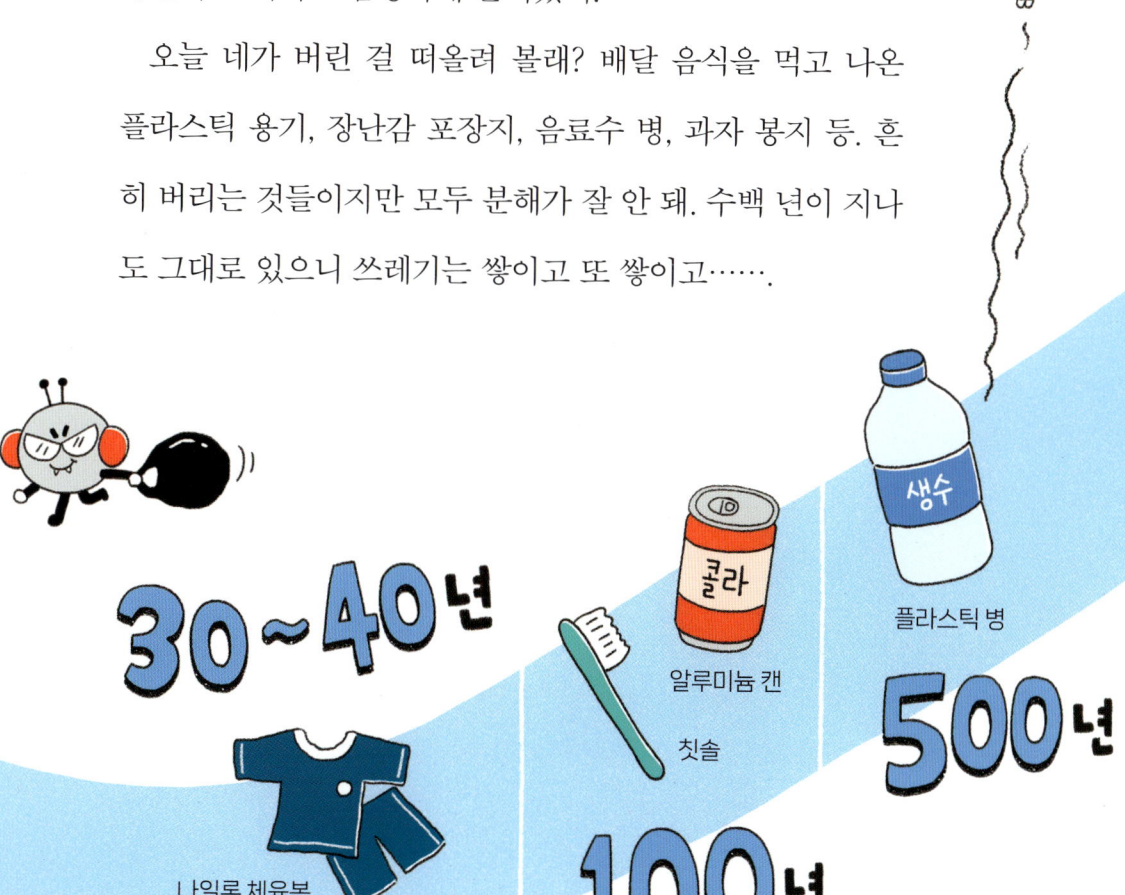

쓰레기, 이렇게나 오래 살다니…

30~40년 — 나일론 체육복
100년 — 칫솔, 알루미늄 캔
500년 — 플라스틱 병

보통은 수백 년, 길게는 백만 년까지 남아 있는 쓰레기들을 마구 버리다가는 지구는 언젠가 쓰레기로 가득 찰 거야. 쓰레기를 태워서 다 없애는 건? 그것도 문제야. 태우면서 온실가스는 물론, 온갖 독성 물질이 나오게 되니까.

가장 좋은 방법은 쓰레기를 만들지 않는 거지! 그래서 사람들은 쓰레기를 0에 가깝게 만들자는 **쓰레기 제로(제로 웨이스트)** 운동을 시작했어.

한 사람이 한 달 동안 버리는 쓰레기는 얼마나 될까? 놀라지 마! 2021년 기준, 약 36킬로그램이나 돼. 어른도 들기 어려울 정도로 무겁고 많지. 그러니 쓰레기를 줄이는 다이어트를 하면 어때? 쓰레기 제로는 지금보다 쓰레기를 조금씩 줄이는 것으로 누구나 쉽게 할 수 있어.

너도 오른쪽에 나오는 쓰레기 줄이기 실천 5가지를 가족들과 해 볼래? ① 필요 없는 빨대나 비닐봉지, 일회용품 거절하기 ② 포장을 줄이고, 꼭 필요하지 않은 물건은 안 사기 ③ 깨끗한 병이나 쇼핑백 등 재사용하기 ④ 재활용할 수 있게 분리배출 잘하기 ⑤ 음식물 쓰레기를 썩혀서 퇴비로 만들기

완벽하게는 못하더라도 하나씩 해 보는 건 어렵지 않아. 쓰레기 다이어트, 도전해 봐.

나보다 5배는 더 오래 사는 부담스러운 쓰레기
플라스틱

아래 친구들이 배달 음식을 시켜서 맛있게 다 먹었어. 배부르게 잘 먹긴 했는데 식탁에 남은 것들을 봐. 어째 먹은 음식보다 일회용품 쓰레기가 더 많네. 너도 이런 경험 있니?

이런 일회용품은 플라스틱으로 만드는 게 많아. **플라스틱**은 열이나 압력을 이용해 원하는 모양을 쉽게 만들 수 있는 물질이

지. 플라스틱이 처음으로 발명된 건 1869년이었어. 당시 플라스틱을 본 사람들은 얼마나 신기했는지 모두들 꿈의 물질이라며 칭찬했단다.

그전에는 접시 하나를 만들려 해도 흙을 빚어서 불에 굽거나 딱딱한 나무를 힘을 들여서 깎아 내는 번거로운 작업을 거쳐야 했거든. 그러다가 플라스틱이 발명되니까 기계를 이용해 여러 물건들을 쉽게 뚝딱뚝딱 찍어 내게 된 거야. 게다가 플라스틱 물건은 단단하지, 질기지, 쉽게 깨지지 않지, 물이 새지도 않지, 값도 싸지, 얼마나 편리했겠어?

하지만 지금은 그 편리함이 큰 문제가 되어 돌아오고 있어. 너무 많이 쓰고 쉽게 버리다 보니 지구가 플라스틱 행성이라 할 만큼 쓰레기가 곳곳에 넘쳐 나게 된 거지. 플라스틱은 잘 분해되지 않아. 다 없어지는데 얼마나 오래 걸릴지 정확히 알지도 못해. 500년 이상 걸릴 거라고 예상만 할 뿐이란다. 또 태워서 없앤다고 해도 독성 물질이 나와 환경을 오염시키지.

그런데도 플라스틱 물건은 해마다 더 많이 나오고 있어. 만들기 쉽고 값이 싸서 편하게 사용하기 딱 좋으니까. 하지만 사용하기 전에 기억해야 해. 세상에 제일 처음 나왔던 플라스틱도 아직 썩지 않은 채 지구 어딘가에 그대로 남아 있다는 걸 말이야.

일주일에 신용 카드 한 장만큼 플라스틱을 먹는다고?
미세 플라스틱

플라스틱인데 땅과 바다에 버려져 아주 조그마한 조각이 된 것을 **미세 플라스틱**이라고 해. 부서지고 또 부서져 5밀리미터보다 작거나 눈에 보이지 않을 만큼 아주 작아진 것을 말하지.

그거 아니? 우리가 날마다 이 미세 플라스틱을 먹고 있다는 걸 말이야. 일주일이면 신용 카드 한 장만큼, 한 달이면 칫솔 한 개만큼을 먹고 있어! 그게 말이 되냐고? 자, 들어 봐.

플라스틱이 부서져서 미세 플라스틱으로 바닷속을 떠다니면, 바닷속 플랑크톤이 냠냠 먹게 돼. 그 플랑크톤을 물고기가 냠냠 먹고, 그 물고기를 우리가 잡아서 냠냠 먹지. 그러면서 미세 플라스틱이 우리 몸까지 들어오는 거야.

미세 플라스틱이 땅속에 들어가면, 식물이 냠냠 빨아들이고, 그 식물을 소와 닭이 냠냠 먹어. 그걸 우리가 채소와 고기로 냠냠 먹고. 그러면서 미세 플라스틱까지 또 같이 먹게 되는 거야.

　미세 플라스틱은 전 세계 바다와 땅, 동식물에게서 발견되고 있어. 사람의 피와 똥, 오줌에서도 발견되었지. 이미 온 지구가 미세 플라스틱으로 잔뜩 뒤덮여 있는 거야.

　그럼 미세 플라스틱을 먹는 건 몸에 나쁠까? 다 밝혀지지는 않았지만 키를 자라게 하거나 몸을 정상으로 움직이게 하는 우리 몸의 호르몬에 영향을 준다는 연구가 있어. 간과 폐 등 장기까지 들어가 병을 일으킨다고도 하지.

　미세 플라스틱을 그만 먹고 싶어! 좋은 방법이 있을까? 플라스틱을 매일 한 가지라도 덜 쓰고, 더 안전한 친환경 물건이 많아지도록 계속 관심을 갖는 거야.

소리 없이 바다 동물들을 죽이고 있는 것은?
바다 쓰레기

바닷가나 바닷속에 있는 쓰레기도 있어. **바다 쓰레기**라고 부르지. 땅에 버려진 쓰레기는 비나 바람에 쓸려 가거나 강을 따라 흘러 흘러 바다로 들어가. 바다에서 일하는 사람들과 관광객들이 버리고 가는 쓰레기도 많아. 해양수산부에 따르면 해마다 세계적으로 약 800만 톤의 바다 쓰레기가 생긴다고 해.

그중 가장 많은 게 플라스틱이야. 전체 바다 쓰레기의 80퍼센트가 넘는다고! 바다 쓰레기가 더 심각한 것은 가벼운 플라스틱이 바다에 둥둥 떠다니며 바다 생물에게 큰 위협이 되기 때문이란다.

뉴스나 다큐멘터리에서 바다 쓰레기로 고통받는 동물들을 본 적 있니? 지구에서 가장 큰 날개를 가진 멋진 새이지만 쓰

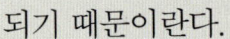

레기를 먹어서 멸종 위기에 놓인 앨버트로스, 무거운 그물을 끌고 다니는 거북, 밧줄이 목을 파고들어 아파하는 물범, 비닐봉지와 타이어를 먹고 죽은 고래, 부리에 플라스틱 뚜껑이 끼여 굶어 죽는 바닷새……. 지구에서 생명이 처음으로 시작된 건 바로 바다였어. 하지만 이제 바다가 생명을 빼앗아 가는 장소가 되고 있지. 우리가 버린 쓰레기 때문에 말이야. 2018년 국제 연합(UN) 사무총장은 세계 환경의 날을 맞아 이렇게 연설했어.

"바다 쓰레기는 모두의 문제입니다. 지금처럼 계속 늘어난다면 2050년의 바다는 물고기보다 플라스틱이 더 많게 됩니다. 바다 생태계가 파괴되고, 경제적으로도 큰 피해가 생길 거예요. 지금 당장 쓰레기를 줄여야 해요! 일회용 플라스틱 사용을 멈추세요. 재활용할 수 없는 물건은 처음부터 거절하세요."

지금 바다에는 진공청소기가 필요해
쓰레기 섬/바다 쓰레기통

수많은 바다 쓰레기는 바다의 흐름인 해류를 타고 둥둥 떠다녀. 그러다 한곳에서 모이게 되는데, 모이는 쓰레기가 얼마나 많은지 마치 커다란 섬이 떠 있는 것처럼 보여. 그래서 **쓰레기 섬**이라고 부르지. 진짜 웬만한 섬보다 더 커.

가장 큰 건 태평양에 있는데, 우리나라 땅 크기의 16배나 된단다. 무게로 치면 약 8만 톤! 악취도 어마어마해서 가까이 갈 수도 없어. 쓰레기 섬은 전 세계 바다에 5개 정도 있는 것으로 알려지지.

이 섬들은 지금도 매일 더 커지고 있어. 그만큼 쓰레기를 먹거나 몸에 걸려서 죽는 바다 생물도 늘어나. 또 파도에 부서져 나오는 미세 플라스틱은 바다 생물들의 터전인 산호초에 달라붙어 결국 바다 전체를 죽게 만든단다.

"아름다운 바다를 오래 보고 싶어!"

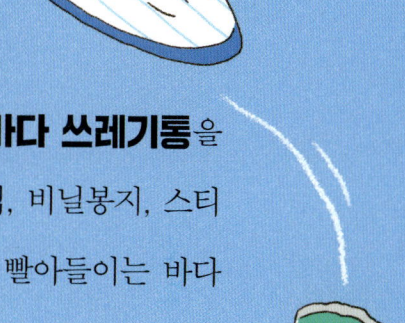

바다를 청소하는 울타리, 로봇, 드론도 있어!

심각성을 깨닫고 바다 쓰레기를 치우려는 사람이 늘고 있어. 참 다행이지?

실제로 호주에 사는 두 청년은 바다에서 파도타기를 즐기다가 쓰레기를 보고 자신들이 무언가를 해야겠다고 결심했어. 그래서 둘은 **바다 쓰레기통**을 발명했단다. 바로 씨빈(Seabin)이야. 플라스틱, 비닐봉지, 스티로폼 같은 쓰레기와 미세 플라스틱까지 쏙쏙 빨아들이는 바다 청소 장치란다. 마치 진공청소기처럼 말이야.

사람들은 바다를 청소하는 울타리, 로봇, 드론도 계속 개발하고 있어. 또 태평양의 쓰레기 섬을 진짜 국가로 인정하고 주변 나라들이 관심을 갖게 하려는 노력도 하고 있단다.

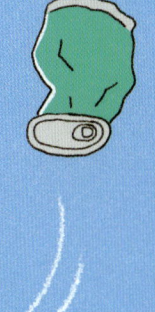

바다의 청소기

지구를 깨끗하게 쓰다듬어 주는 방법

플로깅(쓰담 달리기)/비치코밍

버려진 쓰레기가 땅과 바다를 오염시키지 않도록 더 많은 사람들이 쓰레기 줍는 운동을 시작하고 있어!

플로깅이라는 말을 들어 봤니? 스웨덴에서 처음 시작되었는데, 조깅을 하면서 쓰레기를 줍는 것을 말해. 달리거나 산책할 수 있으니 내 건강에 좋고, 동시에 쓰레기도 치우니까 지구 건강에도 좋지. 플로깅은 우리말로는 **쓰담 달리기**라고 불러.

너도 참여하고 싶다고? 준비물은 간단해. 쓰레기를 담을 봉투와 장갑, 집게만 있으면 끝! 밖에 나가서 걷거나 달리면서 쓰레기를 줍는 거야. 반려동물을 산책시키면서 해도 좋아.

바닷가에서 쓰레기를 줍는 운동도 있어. **비치코밍**이라고 하지. 쓰레기가 바다로 쓸려 가지 않게 치우는 게 마치 바닷가를 빗질해 주는 것 같다고 지은 말이야. 누구나 마음만 있으면 쉽게 할 수 있어. 너도 바닷가에 놀러 간다면 해 봐.

"비치코밍을 해서 멋진 작품도 만들어 볼까?"

바다 쓰레기를 멋진 작품으로 바꾸는 사람들도 있단다. 바닷가에서 주운 유리 조각을 색색별로 모아 아름다운 모빌이나 목걸이 등으로 만들고 팔기도 하는 거야.

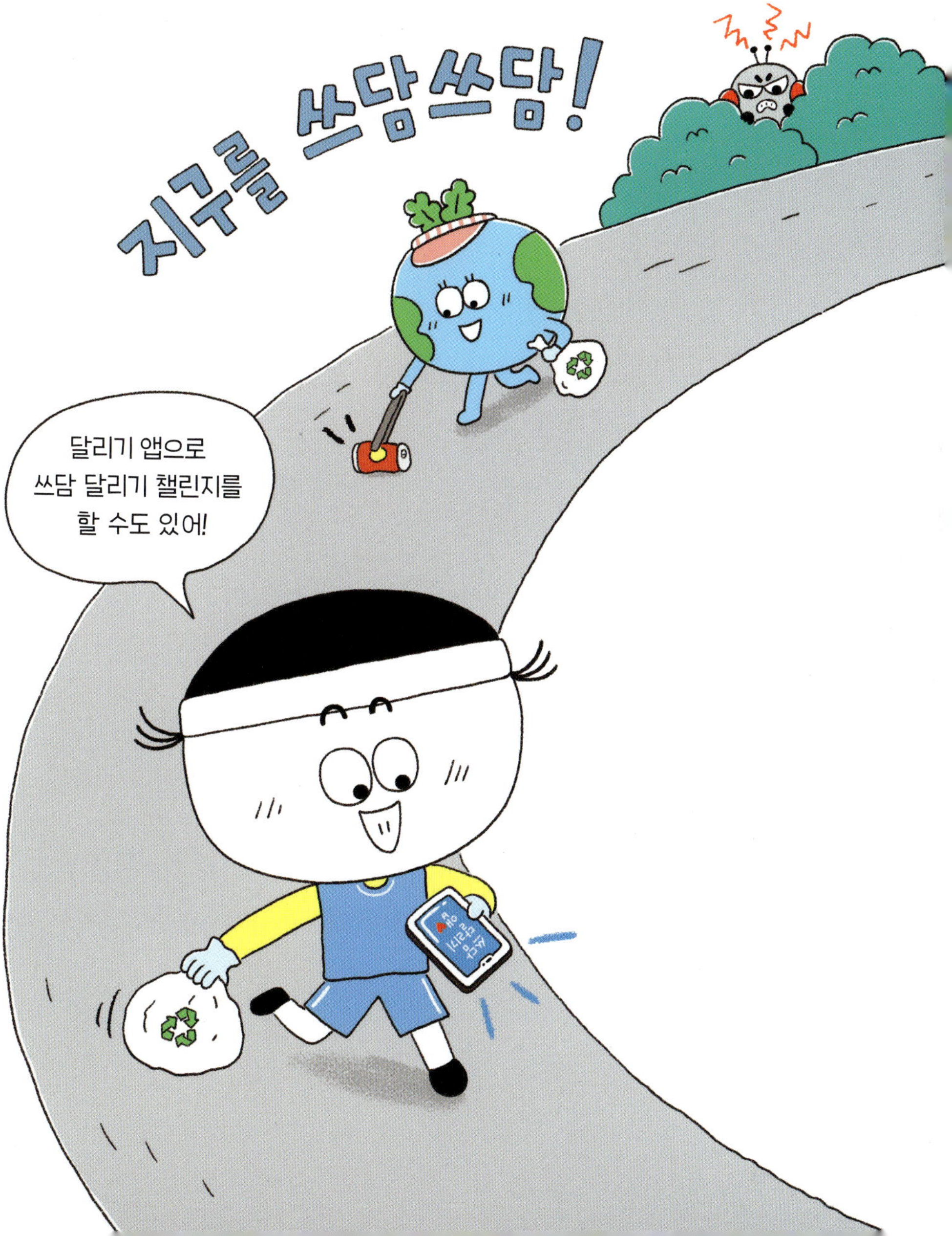

지구를 쓰담쓰담!

달리기 앱으로 쓰담 달리기 챌린지를 할 수도 있어!

쓰레기를 잘 활용하면 명품이 된다고?
재사용/재활용/새활용

쓴 물건을 쓰레기로 만들지 않는 방법이 있을까? 그럼. 계속 계속 다시 쓰면 돼. 그 방법으로는 재사용, 재활용, 새활용이 있어. 단어가 다 비슷비슷하지? 헷갈린다고? 쉽게 알려 줄게!

네가 쓰고 난 유리병이 있다고 하자. 이것을 깨끗이 씻어서 그대로 다시 쓰면 **재사용**이야. 유리병을 녹여서 새 제품으로 만들면 **재활용**이고, 새 제품을 만들 때 아이디어를 더해 가치를 높이면 **새활용**이라고 해.

재활용과 새활용은 말이 비슷해도 의미가 달라. 재활용은 버린 종이, 유리병, 플라스틱 등을 공장에서 원재료로 되돌린 다음 새 물건으로 만드는 거야. 종이는 종이 제품으로, 유리는 유리 제품으로, 플라스틱은 플라스틱 제품으로 다시 태어나지.

새활용은 버린 물건을 새 물건으로 다시 만들 때 특별한 아이디어를 더하는 거야. 그래서 전보다 더 가치 있는 것으로 완성

되지. 버려진 자동차 시트, 낡은 소방복으로 세련된 가방을 만들어. 버린 스케이트보드를 멋진 탁자나 책장으로 만들기도 하지. 새활용은 이처럼 가치가 높아지니까 유명한 새활용 브랜드도 있어. 버리는 물건으로 만들었다는 게 믿기 어려울 정도로 고급스러워서 비싸게 팔리기도 한단다.

위와 같이 쓰레기를 제대로 활용하려면 분리배출부터 잘해야 해. 플라스틱은 플라스틱끼리, 종이는 종이끼리, 유리는 유리끼리……, 새 물건을 만들 소중한 재료가 될 테니 섞이지 않게 구분하고 씻어서 깨끗하게 버리는 거야. 쓰레기가 멋진 작품으로 태어날 테니 꼭 실천해 봐.

편리한 모습 뒤에 독성을 꽁꽁 숨기고 있어
전자 쓰레기

집에 있는 전자 제품을 둘러봐. 컴퓨터, 스마트폰, 텔레비전, 태블릿, 냉장고, 에어컨……, 그 밖에도 많을 거야. 전자 제품도 쓰다가 고장 나거나 싫증이 나면 바꾸게 되지? 그렇게 버려지는 전자 제품과 그 부품들을 **전자 쓰레기**라고 불러. 그런데 전자 쓰레기는 위험해서 더욱 조심해야 해.

전자 제품은 중금속이라는 물질을 넣어서 만든단다. 그래서 아무렇게나 버리면 **중금속**이 땅이나 강으로 흘러 들어갈 수 있어. 중금속이 물이나 음식을 통해 우리 몸까지 들어오면 어떻게 될까? 계속 들어오면 몸의 균형이 무너져 건강이 나빠지고 심하면 생명도 위험해져. 특히 중금속은 나도 모르는 사이에 서서히 몸을 해쳐서 '침묵의 살인자'라 불리기도 해.

스마트폰은 매번 새 제품이 나오니까 자주 바꾸는 사람들이 많아. 하지만 전자 쓰레기의 이런 위험한 모습을 안다면 단지

싫증 난다고 바꾸지는 말아야 해. 쓰던 전자 제품을 꼭 버려야 할 때는 주민 센터에 신고하고 지정된 장소에 두도록 해. 그래야 잘 처리하는 곳으로 보내질 테니까.

전자 쓰레기를 도시 광산이라고 부르는 것도 알아? 전자 쓰레기가 위험하긴 해도 제대로 버리면 전자 제품을 만들 때 넣었던 금, 은, 구리 같은 금속을 빼내어 재활용할 수 있거든. 그래서 **도시 광산**이라고 불러. 광산에서 금과 은을 캐듯 도시에서 나온 전자 쓰레기에서 귀한 자원을 얻는다고 붙인 이름이야. 금속 자원을 절약할 수 있는 좋은 방법이지?

전자 제품은 되도록 오래 쓰기, 제대로 버리기! 잊지 마.

지구를 넘어 우주까지 쓰레기로 꽉꽉 차 있어
우주 쓰레기

쓰레기는 지구에만 있는 게 아니야. 우주에도 있다고!

우주를 연구하기 위해, 기상을 관측하기 위해, 인터넷 등 통신을 하기 위해 사람들은 수많은 인공위성을 우주로 쏘아 올렸어. 그러다 보니 이제는 안 쓰는 인공위성, 인공위성을 쏠 때 사용한 로켓, 우주 비행사들이 우주에서 놓친 공구나 나사 등이 우주를 떠돌게 되었지. 이 모두가 **우주 쓰레기**야.

유럽우주국에 따르면 지금까지 쏘아 올린 로켓과 인공위성이 2만 개가 넘는다고 해. 하지만 지금 작동하는 건 절반뿐이고, 나머지는 우주 쓰레기가 되었어. 더구나 쓰레기들은 시간이 흐르며 서로 충돌하거나 분해되어 지름 10센티미터부터 1센티미터가 안 되는 것까지 수가 계속 늘어나고 있지.

별로 크지도 않은 쓰레기인데 뭘 그러냐고? 우주에서 움직이는 속도는 총알보다 훨씬 빨라! 그래서 작은 쓰레기라도 아주 위험하지. 우주 쓰레기가 앞을 가려서 우주를 관측하기 어려워지고, 인공위성과 쾅 부딪혀서 문제가 되기도 해. 그럼 우주에서 정보를 받을 수 없어서 내비게이션이 되지 않고, 은행 거래나 날씨 예보도 어려워져. 뿐만 아니라 우주 쓰레기는 아예 지구로 떨어지는 것도 있단다. 정말 아찔하지?

그래서 여러 나라는 우주 쓰레기를 치우는 방법을 연구 중이지. 강력한 자석에 붙여서 지구로 끌고 오기, 그물과 작살로 낚아채기, 로봇 팔로 잡아 오기, 아주 먼 우주로 치워 두기 등등.

이제 우주로 보내는 것들도 쓰레기가 안 되게 처음부터 설계하고 완성해야 할 거야.

우리는 쓰레기를 사지 않을 권리가 있어
순환 경제/자원 순환

순환 경제는 우리가 물건을 사서 한 번 쓰고 버리는 게 아니라 끝없이 반복해 쓸 수 있도록 바꾸는 것을 말해. 물건을 쓰고, 재활용해서 쓰고, 또 재활용해서 쓰고……. 그럼 쓰레기도 안 나오고 새 물건을 만드느라 드는 자원도 아낄 수 있겠지?

예를 들어 볼까? 먹고 난 과일 껍질은 버리지 말고 퇴비로 만들어 텃밭에 뿌려. 그럼 땅이 기름지고 채소가 잘 자라겠지. 음식물 쓰레기는 안 생기고, 비료를 살 필요도 없는 좋은 방법이야.

쓰던 플라스틱 병이 깨졌다면 버릴 때 분리배출을 잘해. 그럼 재활용 공장으로 가서 플라스틱 파이프를 만드는 데 쓰일 수 있어. 이렇게 되면 쓰레기가 없고, 새 파이프를 만드느라 드는 자원도 아끼는 거야.

이런 방식을 자원을 계속 돌려 쓴다고 해서 **자원 순환**이라고도 해. 물건을 만드는 재료인 자원을 새로 사지 않아도 되니까 비용을 아낄 수 있어 더욱 좋지. 그래서 요즘에는 여러 기업에서도 자원 순환 방법을 쓰고 있어. 사람들이 쓰다 버린 자기 회사 물건을 다시 돌려 달라고 하고, 그걸 재활용해서 새 물건으로 완성해 파는 것이지.

오늘 새로 산 멋진 물건도 언젠가는 쓰레기로 버려질 거야. 하지만 처음부터 쓰레기를 사지 않을 권리가 우리에게 있어. 이제 물건을 살 때는 그 물건이 환경을 생각해 만들어졌는지, 다 쓰고 나서 자원 순환을 할 수 있는지, 잘 따져서 골라 봐!

어린이가 해 봐요! :)

환경 챌린지, 나도 해 볼래!
참여하는 환경 보호 이야기

환경을 생각해도 막상 실천하는 걸 미루거나 귀찮아하기도 해. 이럴 때 여러 사람들과 서로 응원하며 실천하면 힘이 나고 재미도 있지. 어린이도 참여할 수 있는 **환경 챌린지**를 소개할게.

용기 내 챌린지

음식을 포장할 때 일회용 용기를 쓰지 않도록 집에서 사용하는 용기를 가지고 가서 받아 오는 거야. "갈비탕 2인분 포장해 갈게요!"라고 말하고 가져온 용기를 쑥 내미는 거지. 매콤한 떡볶이를 살 때나 달콤한 케이크를 살 때 등 언제라도 용기에 포장해 올 수 있어.

처음에는 번거롭고 쑥스러울지 몰라. 하지만 일회용품과 쓰레기를 줄이는 확실한 방법이란다. 얼마나 멋진 일이야? 너도 용기를 내 봐! 가족과 SNS에 인증하고 다른 사람들과 함께하면 더욱 재미있어.

제로 웨이스트 챌린지

쓰레기 줄이기를 다양한 방법으로 실천해서 SNS에 사진으로 인증해. 해시태그를 붙여서 다른 사람들도 참여하게 응원해 주면 더 좋아!

- **#** 비닐봉지 대신 장바구니 쓰기
- **#** 물티슈 대신 손수건 쓰기
- **#** "안 주셔도 돼요." 하고 일회용품 거절하기
- **#** 가장 오래 쓴 물건 자랑하기
- **#** 재활용하기 쉬운 물건으로 사기
- **#** 텀블러(물병)는 1개씩만 가지고 오래 쓰기
- **#** 음식은 조금씩 덜어서 남기지 않고 먹기

이 밖에도 어떤 환경 챌린지가 있는지 알아보고 참여해 봐.

보람 있는 챌린지를 네가 직접 만들어서 사람들과 함께해도 좋겠지?

3장

생태계 한 곳이 무너지면 다른 곳도 무너져

우리가 먹고 마시는 음식, 필요한 물건 등은
실은 모두 자연이 선물해 준 것이야.
지구의 수많은 생물들은 서로 얽혀 살아가며
서로에게 필요한 것을 주고받거든.
하지만 지금 생태계 이곳저곳이 망가지고 있어.
우리가 그동안 풍요롭게 누리던 것도 점점 부족해지지.
생태계를 이해하는 단어 10가지를 알아보자.

따로따로가 아니라 모두 하나로 연결되어 있어
생태계

　지구라는 환경 속에는 다양한 것들이 있어. 동물, 식물, 미생물 등 생명이 있는 것과 온도, 공기, 빛, 흙 등 생명이 없는 것도 있지. 이것들은 따로따로가 아니라 깊은 관계를 맺으며 살아가. 이처럼 어떤 환경 속에서 생명이 있는 것과 없는 것이 영향을 주고받는 것을 **생태계**라고 한단다. 공원의 연못은 작은 생태계야. 산은 그보다 큰 생태계고, 지구는 아주 큰 생태계지.

　생태계 속 생물들은 또 저마다 생산자, 소비자, 분해자라는 역할을 맡고 있어. **생산자**는 햇빛을 받아 영양분을 스스로 만드는 생물이야. 광합성을 하는 식물을 말하지.

　소비자는 다른 생물을 먹고 사는 동물이야. 생산자인 식물을 먹는 초식 동물은 1차 소비자, 1차 소비자를 먹는 작은 육식 동물은 2차 소비자, 2차 소비자를 먹는 큰 육식 동물은 3차 소비자라고 해. 이처럼 생물은 먹고 먹히는 관계로 얽혀 있단다. 이것을

먹이 사슬이라고 불러. 먹이사슬이 서로 얽혀서 그물처럼 복잡해지면 **먹이 그물**이라고 하지. 왜 이렇게 복잡해지냐고? 어떤 생물이 한 종류의 먹이만 먹는다면, 그 먹이가 부족해질 때는 쫄쫄 굶게 될 거야. 이럴 때는 다른 먹이로 얼른 바꾸는 게 좋지. 그래서 먹고 먹히는 관계는 더욱 복잡해진단다.

분해자는 생물의 배설물이나 죽은 동식물을 분해해 없애는 미생물이야. 세균이나 곰팡이 등이지.

어때? 생태계 속 생물들은 이렇게 복잡한 관계를 맺으며 하나로 연결되어 있어. 그런데 환경 오염으로 생태계의 한 부분이 망가지면 어떻게 될까? 연결된 다른 부분, 또 연결된 다른 부분, 계속해서 영향을 주게 돼.

생태계 속 생물들의 역할

꿀벌이 위험해지면 사람도 위험해진다고?
생태계 파괴

사람이 불러온 환경 오염으로 생태계의 조화가 망가지는 것을 **생태계 파괴**라고 해. 앞에서 배웠듯 생태계는 하나로 연결되어 있어서 한 부분이 망가지면 그 안에 모든 생명들이 점차 위험해져. 동식물뿐 아니라 사람들의 삶도 위태로워지지.

2023년 봄 '꿀벌 141억 마리 떼죽음'이라는 충격적인 뉴스가 전해졌어. 벌써 몇 년째 이처럼 많은 꿀벌이 죽거나 사라지고 있단다. 그 이유는 기후 변화, 늘어난 해충, 살충제 때문일 거라고 생각돼. 그런데 이 일은 꿀벌의 죽음으로만 끝나지 않아. 우리의 먹을거리인 **식량**이 부족해지는 결과로 이어지지.

식물이 열매를 맺으려면 수정을 해야 해. 식물의 수정을 도와주는 곤충이 바로 꿀벌! 그러니 꿀벌이 사라지면 식물이 수정을 못 해 열매를 맺을 수 없어. 그럼 우리가 먹는 곡식이나 과일도 열리지 않아. 꿀벌이 없으면 달달한 꿀만 먹지 못하는 게 아니라

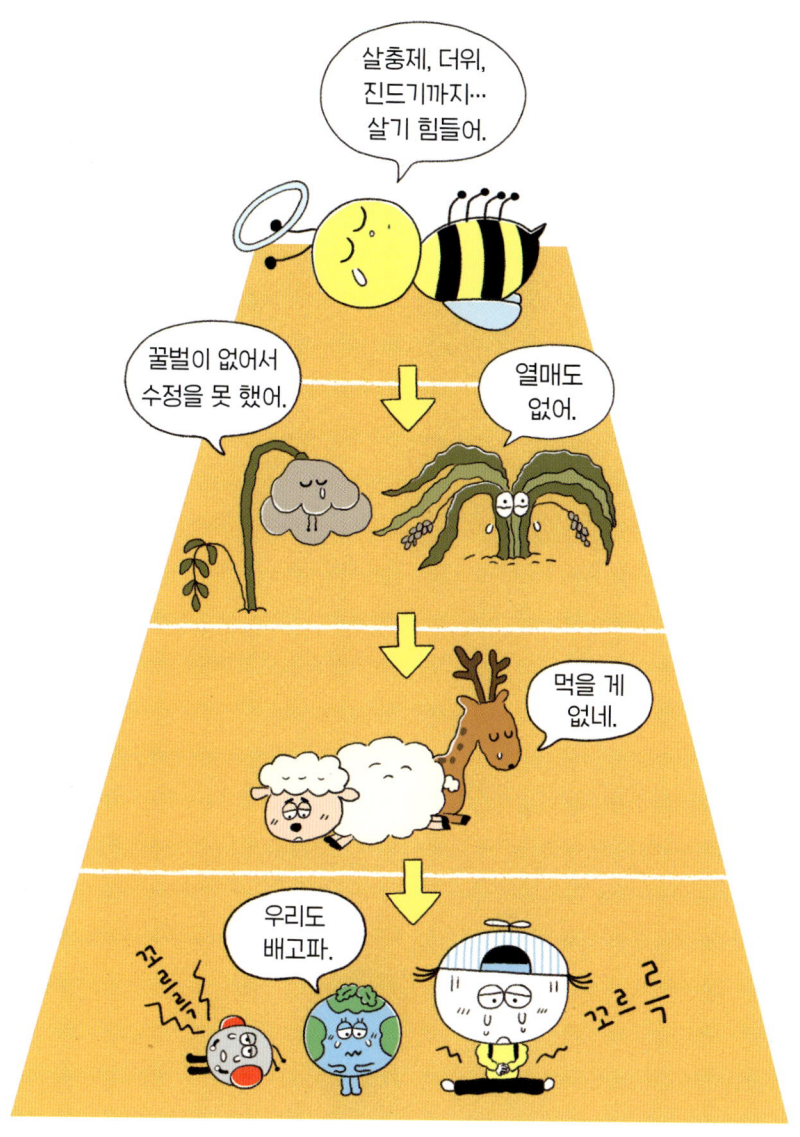

매일 먹는 밥도, 딸기나 사과 등도 먹기 힘들어질 수 있어. 동물들도 먹을 게 부족해져서 굶게 될 거고.

생태계 속에서 어느 한 생명이 살지 못하면 다른 생명도 결국 살지 못한다는 것, 이제 이해할 수 있겠지?

더 크게 더 달게 먹고 싶어, 욕심이 가져오는 멸종
생물 다양성 /유전자 다양성

생태계가 건강하려면 그 안의 것들이 아주 다양해야 해. 이것을 **생물 다양성**이라고 불러. 생물 종류도 다양해야 하고, 각자가 가진  유전자도 다양해야 하고, 사는 환경도 다양해야 한다는 뜻이지.

지구에 사는 생물은 밝혀진 것만 약 180만 종이야. 밝혀지지 않은 것까지 하면 2,000만 종이 훨씬 넘을 거라고 예상해. 이처럼 다양한 생물과 생물이 사는 환경은 오랜 세월 조화를 이루며 촘촘히 연결되었어. 이 다양함 속에서 우리는 식량, 에너지, 약품 등 수많은 자원을 풍요롭게 얻으며 살아왔지.

그런데 이 생물 다양성이 점점 사라지고 있단다. 그 예로 바나나 이야기를 해 줄게. 원래 야생에서 살던 바나나는 종류가 여러 가지였어. 같은 바나나에 속해도 서로 다른 다양한 유전자를 가졌거든. 이것을 **유전자 다양성**이라고 해.

하지만 바나나를 더 크게, 더 달게, 더 많이 먹고 싶었던 사람들은 더 크고, 더 달콤한 유전자를 가진 바나나만 계속 번식시켜 재배했어. 그게 지금 쉽게 사 먹는 바나나야. 이렇게 한 종류의 바나나만 계속 늘어나게 되니 유전자 다양성은 점점 사라졌단다.

이게 뭐가 문제냐고? 만일 우리가 먹는 바나나에 치명적인 질병이나 환경 변화가 생기면? 같은 종류이다 보니 몽땅 피해를 입을 수 있어. 그럼 바나나를 구경하기 어려워지겠지. 우리가 맛있게 먹는 바나나가 이처럼 위기에 놓여 있는 거야.

바나나뿐 아니라 밀, 감자 같은 농작물, 고기가 되는 동물 등도 더 맛있게, 더 많이 먹겠다는 사람들 때문에 유전자 다양성이 줄어들고 있어. 하지만 이 욕심은 풍요로운 생태계의 식량과 자원을 우리 손으로 없애는 일이 된단다.

알고 보면 바나나 종류가 이렇게나 많아.

더 크게, 더 맛있게 먹는 게 무조건 좋을까?

지구를 살려 낼 영웅, 작은 씨앗 하나!
씨앗 전쟁/씨앗 은행/씨앗 금고

사람의 욕심 때문에 생물 다양성이 줄어들고 멸종 위기에 놓이는 생물이 점점 늘어나고 있어. 뿐만 아니라 기후 변화와 생태계 파괴로 매년 사라지는 동식물들도 많아.

이처럼 생태계 전체가 위기를 맞고 있으니 나라마다 걱정이야. 자연에서 얻는 아주 중요한 자원, 다시 말해 국민을 먹일 수 있는 식량이 부족해질 수 있으니까. 그래서 각 나라는 식량으로 쓰이는 식물의 씨앗을 서로 가지려고 경쟁하고 있어.

좋은 씨앗을 앞다투어 다양하게 개발하고, 개발한 씨앗은 다른 나라가 공짜로 쓰지 못하게도 해. **씨앗(종자) 전쟁**이라고 할 정도로 치열하지. 또 돈을 맡기는 은행처럼 씨앗을 소중히 보관하다가 필요한 때 꺼내 쓰는 **씨앗 은행**도 만들어 둔단다.

씨앗 금고라는 것도 있어! 지구에 정말 심각한 일이 생길 때,

그러니까 핵 전쟁이나 되돌릴 수 없는 기후 변화를 대비해서 다양한 식물의 씨앗을 안전하게 모아 두는 곳이야. 지구에 큰일이 닥쳐서 식물들이 멸종에 처한다면 이 금고를 열어 씨앗을 꺼내 쓸 수 있지.

우리나라의 씨앗 금고는 국립백두대간수목원에 있어. 세계에서 가장 큰 씨앗 금고는 노르웨이의 스발바르 **국제종자저장고**란다. 지하 동굴 같은 곳에 세계 각국에서 수집한 씨앗을 보관하고 있지.

어때? 이 작은 씨앗들이 우리 식량을 지키고 생태계를 살리는 엄청난 역할을 맡고 있는 셈이야.

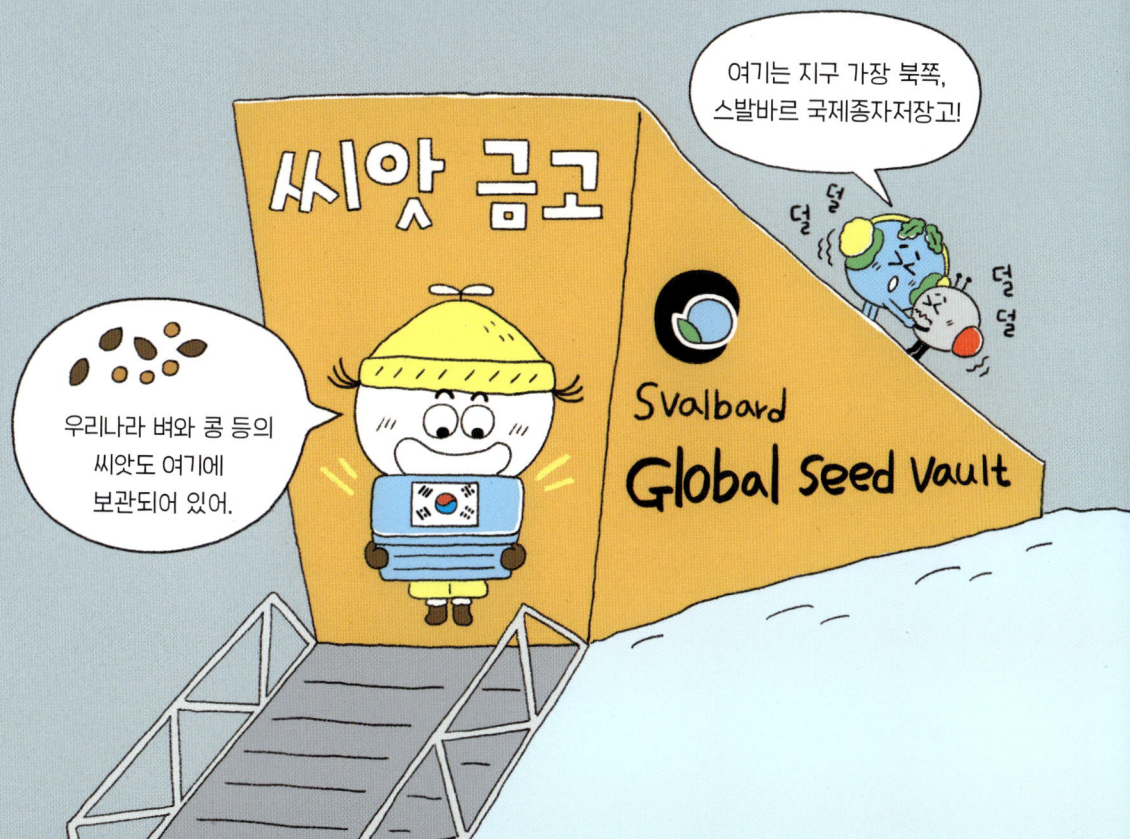

먹을 사람은 많아지고, 먹을거리는 줄어들고
식량 위기

네가 학교에 다녀와서 "배고파요!" 하면 부모님이 먹을 걸 내주실 거야. 한편 어떤 나라 아이들은 "너무 배고파요!" 해도 부모님이 먹을 걸 내주지 못해. 집에 먹을 것도, 그걸 살 돈도 없으니까. 그럼 얼마나 슬프고 고통스러울까? 세계에는 이처럼 먹을 게 없어서 굶는 사람이 생각보다 많아.

세계 인구는 지금도 계속 늘고 있단다. 사람이 많아지니 먹을 것도 그만큼 더 필요해지지. 그러나

기후 변화로 농사가 잘 안 돼.

식량 생산량은 인구 증가를 못 따라가고 있어. 더욱이 기후 변화 때문에 물이 부족해지고, 땅도 예전처럼 비옥하지 않아. 자연재해와 병충해도 더 심해지지. 다시 말해 농사짓기가 힘든 거야. 농사가 안 되어 수확이 줄면 어떻게 될까? 식량이 점점 비싸지고, 그러면 돈이 없는 가난한 나라 사람들은 굶을 수밖에 없어.

2022년 세계보건기구는 아프리카 7개 나라가 먹을거리를 얻을 수 없는 상태인 **식량 위기**라고 발표했어. 인구 증가나 기후 변화로 식량 위기가 더욱 퍼진다면 나라마다 식량을 꽁꽁 쌓아 두고 다른 나라에는 수출하지 않는 일도 벌어지겠지.

그런데 우리나라는 식량을 스스로 만들어 내는 정도가 50퍼센트도 채 되지 않는단다. 식량이 부족한데 다른 나라에서 수입하지 못하면? 국민이 굶주릴 수도 있는 위기에 놓이는 거야.

우리 식량은 우리가 직접 만드는 **식량 자급률**을 높여야 해. 음식을 소중히 여기고 함부로 버리지 않는 실천도 필요하지.

먹음직스러운 음식, 어떻게 만들어졌을까?
지엠오 (GMO, 유전자 조작 생물체)

지엠오(GMO, 유전자 조작 생물체)는 생물이 가지고 있는 유전자를 재조합해 만들어 낸 것이야. 과학 기술의 발달로 생물이 원래 가진 유전자를 마음대로 자르거나 붙여서 새롭게 만들 수 있거든. 왜 이런 일을 하냐고?

예를 들어 시름시름 병에 잘 걸리는 콩이 있다고 하자. 그 콩에 병에 강한 유전자를 넣어 주면 어떻게 될까? 병에 잘 걸리지 않게 되겠지! 그 콩으로 농사를 지으면? 수확량이 확 늘어날 거야. 이렇게 유전자 변형을 하면 돈과 노력을 줄이면서도 먹을거리를 훨씬 많이 만들 수 있단다.

널리 알려진 지엠오 먹을거리가 콩과 옥수수야. 이것으로 돼지나 닭 등 동물을 먹일 사료도 만들어. 그래야 적은 돈으로 가축을 많이 기를 수 있으니까. 그럼 사람들도 삼겹살이나 치킨을 싸게, 배부르게 먹을 수 있겠지? 그래서 지엠오를 식량 위기를

 이길 좋은 방법이라고 하는 사람들도 있어.

 하지만 안전한 식품을 먹으려는 사람은 생각이 달라. 지엠오는 생태계 조화와 다양성을 무너뜨리고, 사람에게 여러 질병을 가져올 수 있다고 하지. 그래서 식품 성분표에 지엠오 표시를 꼭 해야 한다고 요구해. 그 식품이 어떻게 만들어졌는지 제대로 알아야 먹을지 말지 우리 스스로 선택할 수 있을 테니까.

 지엠오로 세계는 예전보다 식량을 많이 만들 수 있게 되었어. 하지만 지엠오가 우리에게 결국 어떤 영향을 줄지는 누구도 정확히 알 수 없어. 환경과 건강을 위해 깊이 고민해야 할 문제야.

못난이 채소의 반전 매력! 가장 맛있고 안전해
유기농/로컬 푸드

유기농은 화학 비료나 농약을 쓰지 않고 채소나 과일 등을 기르는 것을 말해. 유기농으로 농사를 지으면 환경을 오염시키지 않고, 안전하고 깨끗한 먹을거리를 만들 수 있어.

예를 들면 이런 거야. 벼농사를 지을 때 벌레와 잡초가 생기면 농약을 뿌려서 없애는 대신 논에 오리를 풀어서 잡아먹게 해. 밭에서 채소를 기를 때에는 지렁이를 함께 두어서 땅을 기름지게 하지. 지렁이가 똥을 싸면 벌레를 없애는 데도 도움이 돼.

이렇게 자연 그대로 농사를 지으니 유기농은 아무래도 수확량이 적을 수 있어. 농작물의 크기가 작고, 모양이 반듯하지 않기도 해.

그래도 환경에 좋고 우리 몸에도 안전하다고!

신선하고 맛있는 먹을거리로 **로컬 푸드**도 있어. 내가 사는 곳과 가까운 지역에서 키운 농산물을 말하지. 보통 마트에 진열되어 있는 농산물은 먼 곳에서 수확한 다음, 차로 오랜 시간 운반해 와. 그러니까 상하지 않게 포장을 여러 번 하게 되고, 차로 운반하면서 온실가스도 많이 내보내게 되지.

반대로 로컬 푸드는 가까운 곳에서 나니까 차로 오래 운반할 필요도, 포장을 많이 할 필요도 없어. 또 오전에 수확한 것을 오후에 바로 살 수 있으니까 아주 싱싱하지. 수확한 농부가 상인을 거치지 않고 바로 우리에게 파니까 가격도 싸.

어때, 좋은 점이 참 많지? 네가 이용할 수 있는 동네의 유기농, 로컬 푸드 가게를 찾아봐.

지구에서 영원히 안녕, 만날 수 없게 된 동물들
멸종 동물/멸종 위기 동물

멸종 동물은 지구에서 완전히 사라진 동물을 말해. 한 마리도 남김없이 모조리 사라진 것! 가장 대표적인 멸종 동물인 공룡의 이야기를 너도 아니?

공룡은 우주에서 날아온 커다란 운석 때문에 멸종했을 거라고 해. 운석이 지구와 충돌하자 지진이 일어났고, 화산이 터졌어. 또 엄청난 먼지가 하늘을 뒤덮었지. 먼지구름 때문에 햇빛을 받지 못하자 지구는 아주 추워졌어. 이처럼 지구 환경이 갑자기 변하면서 공룡은 멸종했단다.

오늘날에도 동물들은 멸종되고 있어. 하지만 공룡처럼 갑작스런 환경 변화 때문은 아니야. 대부분 사람 때문이지. 도도새처럼……. 모리셔스 섬의 도도새는 날지 않는 큰 새였어. 어느 날부터 이 섬에 사람들이 들어와서 도망가지 않는 이 새가 사냥하기 쉽다며 잡아먹기 시작했지. 도도새는 결국 멸종했단다.

사람 때문에 멸종된 동물들

여행비둘기
사람들이 사냥 대회까지 열며 재미로 그냥 잡았어. 수가 많아서 괜찮을 거라고 생각했지만 결국 멸종했지.

도도새
사람을 본 적이 없어서 사람이 다가와도 도망가지 못한 탓에 몽땅 잡아먹혔어.

후이아
꼬리 깃털이 예쁘다며 너도나도 모자 장식에 썼어. 부리도 보석으로 쓰였지. 인간의 장식품이 되느라 멸종했어.

바바리사자
로마 시대 검투사들과 싸움 경기를 시키기 위해 마구 잡아들이면서 멸종했어.

파란영양
아름다운 파란색 털과 가죽을 사람들이 탐냈어. 그 털과 가죽으로 옷 등을 만들려고 죽여서 멸종되었지.

아직 멸종한 것은 아니지만 언제 멸종할지 모르는 위기에 있는 동물은 **멸종 위기 동물**이라고 해. 오늘날 아주 많은 동물이 멸종 위기에 놓여 있단다.

앞에서 본 것처럼 사람들의 욕심 때문에 멸종 위기에 놓이기도 하지만, 기후 변화로 생태계가 자꾸 파괴되면서 더 이상 살아갈 곳이 없어 죽게 되는 일도 늘고 있어.

북극곰을 떠올려 봐. 지구가 뜨거워지면서 빙하가 녹아 얼음 위에 아슬아슬하게 서 있는 북극곰 사진을 본 적이 있을 거야. 빙하는 북극곰의 터전인데, 점점 녹아 없어져 버리면 활동도, 사냥도 하지 못해 죽어 갈 수밖에.

호랑이는 가죽을 갖고 싶은 사람 때문에,
코끼리는 상아를 장식장에 놓고 싶은 사람 때문에,
밍크는 모피를 입으려는 사람 때문에,
상어는 지느러미를 먹으려는 사람 때문에,
고릴라는 숲을 파괴한 사람 때문에……

우리에게 익숙하고 친근한 동물들이 멸종 위기에 놓여 하루하루 위태롭게 살아가고 있어. 뿐만 아니라 개구리 같은 양서류, 나비 같은 곤충 수백 종도 멸종 위기에 놓여 있지.

하지만 이런 위기 속에서도 세계 곳곳에서는 동물을 몰래 사냥하는 **밀렵**이 아직도 일어나고 있어. 밀렵꾼들은 돈을 벌겠다는 욕심으로 총이나 올무, 덫 등을 이용해 법으로 보호하고 있는 멸종 위기 동물을 잡아. "금보다도 몇 배나 더 비싼 값에 팔 수 있어!" 하면서 말이야. 밀렵은 멸종 위기 동물을 더욱더 살기 힘들게 할 거야. 하지만 아무리 막으려 해도 완전히 사라지지 않고 있단다.

밀렵을 막는 좋은 방법은 동물의 가죽이나 털, 뿔 등으로 만드는 옷, 신발, 장식품 등의 제품을 사지 않는 거야. 사는 사람이 아무도 없다면 팔 수 없을 거고, 결국 잡을 필요도 없어질 테니까.

지구의 허파에서 산소가 아닌 탄소가 나온다고?

열대 우림

지구 적도 가까이의 열대 지방에 있는 무성한 숲을 **열대 우림**이라고 해. 이곳은 식물의 천국이야. 비가 많이 오고 날씨가 따뜻해서 일 년 내내 식물이 쑥쑥 자라나거든.

거대한 이곳 숲을 터전으로 살아가는 동물도 정말 많아. 지구에서 생물 다양성이 가장 높은 생태계 중 하나라고! 열대 우림 중에서 가장 크기가 큰 게 남아메리카의 **아마존**이지. 온갖 식물과 나무가 빽빽하게 들어차서 아마존에서만 지구의 산소를

기후 변화로

약 20퍼센트나 만들어. 마치 스읍스읍 지구가 숨을 쉬게 하는 허파 같아.

하지만 열대 우림을 파괴하는 일이 오랜 세월 이어지고 있어. 수많은 나무를 베어 팔고, 불을 질러 숲을 없앤 뒤 거기다 농사를 지어. 세상에! 2022년에만 전 세계에서 1분마다 축구장 11개 정도의 열대 우림이 사라졌다고 해.

기후 변화로 가뭄이 심해져 산불이 자주 일어나는 것도 큰 문제야. 아마존 등 열대 우림 곳곳이 불타면서 산소를 내뿜던 지구의 허파에서 오히려 이산화 탄소가 나오게 되니까. 정말로 중요한 생태계인 열대 우림을 지키기 위해서라도 기후 변화를 꼭 막아야 해.

숨 쉬기 너무 힘들어, 황사를 없앨 수 있을까?
사막화

사막화는 원래 사막이 아니었던 곳이 점점 사막으로 변하는 현상이야. 지구 곳곳이 이렇게 변하고 있지. 해마다 서울 면적의 100배가 넘는 크기가 사막이 된다고! 왜 이럴까?

사막화는 대부분 사람의 활동으로 생겨나. 초원에 염소, 소 등 가축을 많이 풀어서 키우기 때문이지. 풀이 자랄 틈도 없이 먹이로 다 뜯어 먹으니 땅이 점점 황폐해져. 돈을 벌려고 나무를 마구 베어 내는 것도 원인이 돼. 또 기후 변화로 호수나 강이 바짝 마르면서 사막이 되는 곳도 있단다.

사막화가 되면 땅이 메말라 식물이나 농작물이 자랄 수 없어. 물도 구하기 어려워 결국 동물도 사람도 살 수 없는 곳이 되지.

해마다 봄이 되면 중국과 몽골의 사막에서부터 우리나라까지 모래 먼지가 불어오지? 바로 **황사**야. 숨 쉬기 어렵고, 눈이 따갑고, 머리도 아프지. 심하면 바깥 활동을 하기도 힘들어. 황사 역

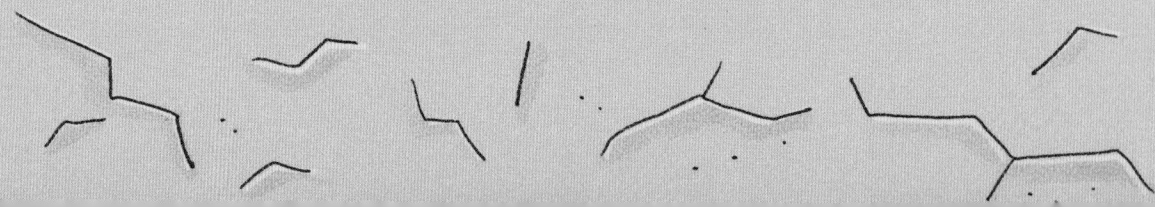

시 사막화로 사막이 늘어나면서 더 심해지고 있단다.

　사막화를 막는 건 다시 풀과 나무를 심어 잘 자라게 하는 것! 나무 심기 운동을 펼친 환경 운동가로 케냐 사람인 왕가리 마타이가 있어. 아프리카 케냐도 사막화로 땅이 황폐해지고 물과 먹을 게 부족했거든. 왕가리 마타이는 평생 나무 4,500만 그루를 심어 땅을 다시 살렸어. 그래서 '나무의 어머니'로 불리지.

　나무가 살아 돌아오면 다른 생물들도 살아 돌아와. 탄소를 흡수해서 기후 변화도 막지. 너도 기회가 있다면 나무를 심어 보면 어때?

살금살금 파고드는 **나쁜 화학 물질**을 피해라
환경 호르몬 이야기

호르몬이 뭔지 아니? 호르몬은 우리 몸속 몇몇 기관에서 나오는 물질인데, 몸이 하는 일을 조절해 줘. 음식을 소화하고, 불끈 힘을 내고, 사춘기를 맞이할 수 있는 것도 모두 호르몬이 몸을 잘 조절해 주어서지.

그런데 **환경 호르몬**이라는 것도 있어. 이건 몸이 만드는 정상 호르몬이 아니야. 하지만 몸속에 들어와 호르몬인 척하면서 정상 호르몬이 제 역할을 하지 못하게 방해해.

환경 호르몬은 대체 어디서 올까? 플라스틱, 화장품, 캔, 통조림, 영수증, 장난감, 접착제 등을 만들 때 환경 호르몬 성분이 들어가. 그리고 우리가 이것들을 만지고 사용할 때 몸으로 들어오지. 쓰레기를 태울 때, 밭에서 농약과 살충제를 쓸 때도 환경 호르몬이 나온단다. 이것으로 땅이 오염되면 거기서 자라는 채소나 동물에게 환경 호르몬이 쌓이지. 그걸 사람이 먹으면? 사람 몸에도 쌓이는 거야.

그럼 키가 잘 자라지 않거나, 알레르기와 아토피, 더 심각한 질병이 생길 수 있어. 환경 호르몬은 몸에서 저절로 없어지지 않고, 땀과 똥오줌으로도 잘 배출되지 않으니 처음부터 들어오지 않게 하는 게 중요하지.

기업이 환경 호르몬이 나오지 않는 물건을 만들도록 목소리를 내야 해. 땅이 오염되지 않게 쓰레기를 줄이는 실천도 하자.

지금 당장 환경 호르몬에서 나를 지키는 방법

- 비닐봉지나 랩, 일회용품 되도록 안 쓰기
- 손 자주 씻기
- 뜨거운 음식은 유리나 도자기에 담기
- 과일, 채소는 깨끗이 씻어 먹기
- 햄, 소시지 등 가공식품 덜 먹기
- 친환경 물건인지 확인하고 사기

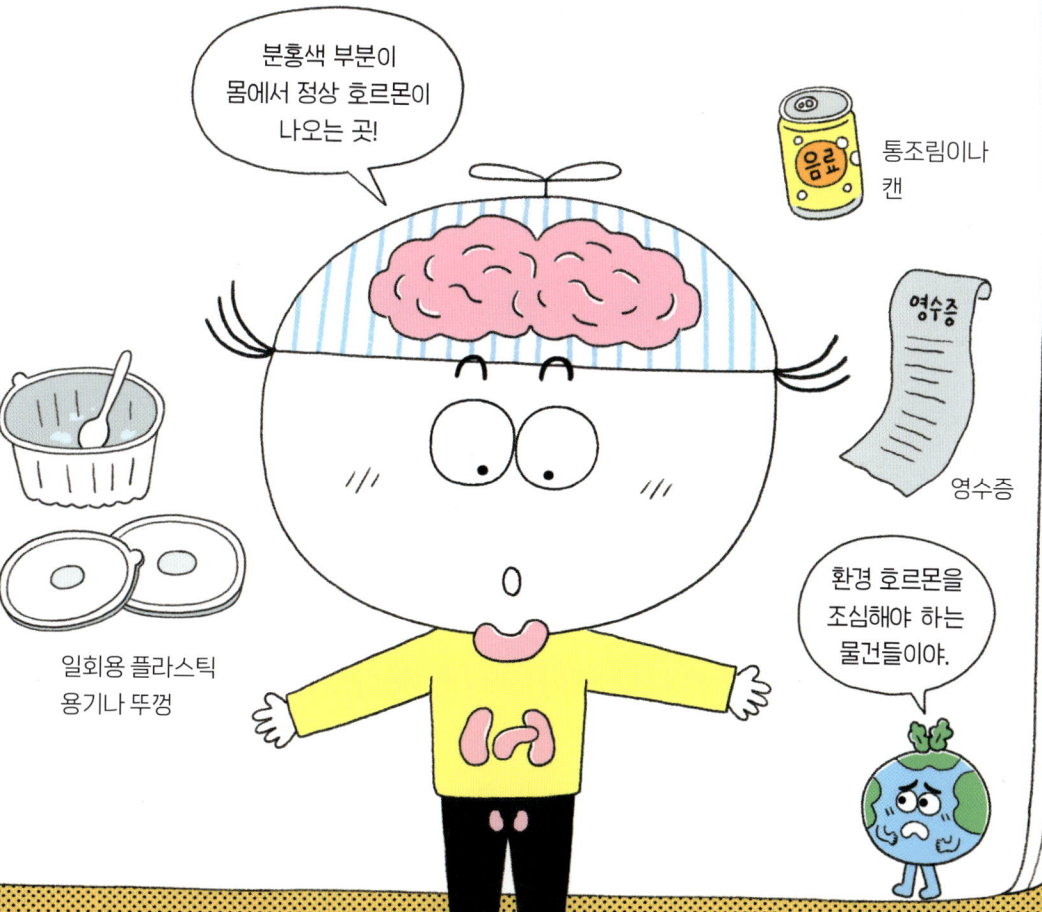

4장

세상을 움직이는 힘, 착한 에너지가 필요해

차를 타고 멀리 여행을 가고,

스마트폰으로 영상을 보고, 밤에 불을 환히 켜고……

이런 일들을 할 때 항상 필요한 것은?

바로 에너지야!

생활에 편리한 모든 것을 움직이는 힘이지.

그런데 그동안 풍요롭게 써 오던 에너지가

점점 부족해지고 있대. 왜 그런 걸까?

에너지를 이해하는 단어 9가지를 알아보자.

온 세상이 오늘도 잘 굴러가게 하는 힘
에너지

네가 하루 동안 한 일을 떠올려 봐. 차를 타고 학교에 가고, 엘리베이터를 타고 건물을 올라가고, 컴퓨터를 켜서 수업을 듣고……, 네가 이용한 것들이 어떻게 다 움직였는지 아니? 바로 에너지를 통해서야. **에너지**는 무언가를 움직이는 힘이지.

에너지가 없다면 차도, 엘리베이터도, 컴퓨터도 작동하지 않아. 얼음땡 놀이에서 얼음을 외칠 때처럼 세상은 그냥 멈춤이지! 그러니 오늘날 에너지는 한순간도 없어서는 안 돼.

먼 옛날에는 에너지가 지금처럼 많이 필요하지는 않았어. 음식을 데우거나 집을 따뜻하게 할 때 드는 에너지는 나무나 거름을 태워 얻었지. 먼 곳으로 갈 때 필요한 에너지는 말의 힘을 빌렸고, 물이 떨어지거나 바람이 불 때의 힘을 에너지로 쓰기도 했어.

그런데 말이야, 인구가 늘어나고 편리하고 풍요롭게 살게 되면서 이 에너지만으로는 턱없이 부족해졌어. 지금은 밤에도 환

에너지

히 불을 켜고, 종일 냉장고를 틀고, 손에 늘 스마트폰을 들고 있잖아. 이 밖에도 생활에 편리한 것을 다 사용하려면 정말 많은 에너지가 필요해.

땔감, 동물, 자연의 힘으로는 부족해서 더 많은 에너지를 얻기 위해 찾아낸 게 화석 연료야. 석탄, 석유, 천연가스 등 화석 연료를 태워 얻은 에너지로 사람들은 편리함을 누렸지. 하지만 그러면서 늘어난 온실가스는 지구 열대화와 기후 위기를 가져왔어.

더 큰 환경 위기가 오기 전에 에너지를 펑펑 쓰는 우리 생활을 돌아봐야 해. 화석 연료 대신 환경 오염이 없는 새로운 에너지 자원도 얼른 찾아야 하지.

에너지를 만드는 원료를 너무 빨리 써 버렸어
화석 연료

우리가 쓰는 화석 연료는 어떻게 생겨난 걸까? 먼 옛날, 선사 시대에 생명체가 죽어 땅속에 묻혔어. 이 생명체는 오랜 세월 땅에서 열과 압력을 받아 변해 갔지. 이게 우리가 **화석 연료**라고 부르는 석탄, 석유, 천연가스란다. 이것을 오늘날 우리가 꺼내어 에너지 자원으로 쓰고 있는 거야.

석탄은 나무, 풀 등 식물이 땅속에 묻혀 오랜 세월을 거쳐 만들어져. **석유**는 죽은 미생물이나 동물이 바다나 호수에 묻혀서 만들어지지. 그리고 **천연가스**는 석유나 석탄이 있는 곳에서 나오는 가스야.

화석 연료는 산업 혁명 때부터 많이 쓰기 시작해서 계속 더 많이 쓰여 왔어. 사람들이 자동차를 움직이고, 기계를 돌리고, 전기를 쓰려면 그만큼 에너지가 필요했으니까. 에너지를 얻느라 화석 연료를 태워대니 온실가스도 빠르게 늘어났어. 온실가스는 지구를 점점 덥게 만들다가 이제는 펄펄 끓는 지구 열대화에 이르게 했단다. 그러다 보니 지금은 화석 연료를 더 이상 쓰기 어려운 상황이야.

화석 연료를 더 쓰기 어려운 다른 이유도 있어. 화석 연료는 먼 선사 시대의 생명체에서 온 거잖아. 석유는 만들어지는 데 약 2억 5천만 년이나 걸렸어. 하지만 쓰는 데 걸리는 시간은 그에 비하면 금방이란다. 우리가 영원히 쓸 수 있는 자원은 아닌 것이지.

온실가스를 만들고, 자원 고갈 문제를 가지고 있는 화석 연료는 좋은 에너지 자원이라고 하기는 어려워. 대신할 더 나은 에너지 자원을 찾아야 한단다.

화석 연료가 만들어지는 과정

아주 먼 옛날, 생물이 죽어 묻혔어.

오랫동안 압력과 열을 받아 변한 것을 화석 연료로 사용했어.

화석 연료를 에너지로 오래 사용했지만 온실가스와 자원 고갈 문제가 생겼어.

두 얼굴을 가진 에너지
원자력

화석 연료 말고 오늘날 많이 쓰는 다른 에너지 자원도 있어. 바로 원자력이지. **원자력**은 원자의 핵 안에서 변화가 일어날 때 나오는 힘을 에너지로 쓰는 거야. 원자력은 우라늄이라는 것을 원료로 한단다. 여기에 중성자를 탁 쏘아 주면 우라늄의 원자핵이 작게 계속 쪼개지며 에너지를 많이 만들어 내.

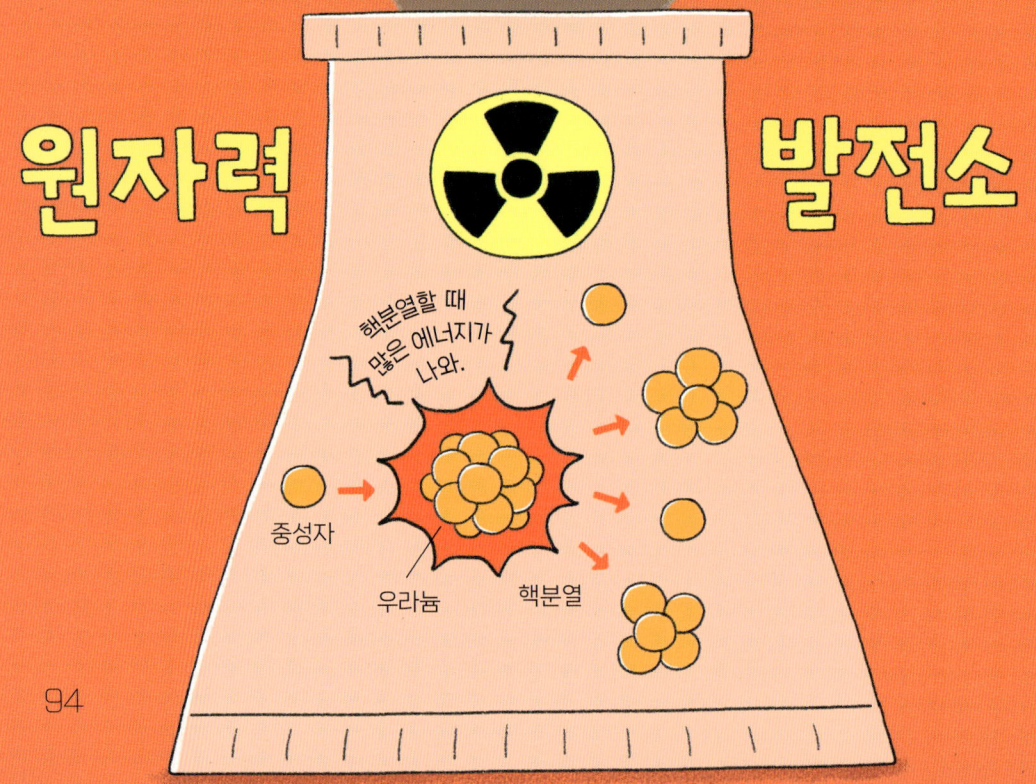

이 **핵분열**을 이용해 전기를 만드는 곳이 원자력 발전소야. 원자력은 원료를 조금만 가지고도 큰 에너지를 낼 수 있어서 화석 연료보다 비용이 저렴해. 온실가스도 덜 나와서 지구 열대화를 막는 데에도 도움이 되지.

하지만 원자력을 반대하는 목소리가 높아. 원료인 우라늄이 핵분열을 일으킬 때 **방사선**이라는 게 나오는데, 사람과 생태계에 아주 위험하거든. 한 번이라도 원자력 발전소에 사고가 난다면 수많은 생명이 목숨을 잃을 수 있어. 방사선이 나오는 방사능 물질로 오염된 지역은 회복되는 데 정말 오랜 시간이 걸려서 결국 생명이 살 수 없는 곳이 되어 버리지.

핵분열을 하고 남은 물질과 원자력 발전소에서 쓰고 버린 쓰레기인 **핵폐기물**도 문제란다. 위험한 방사능 물질 쓰레기를 어디에 버려야 할까? 핵폐기물은 자꾸 늘어나지만 버릴 곳은 마땅치 않아 고민하고 있어.

핵폐기물은 특수한 통에 담아 깊은 땅이나 동굴에 아주 오래 넣어 둬야 해.

계속 쓸 수 있고 환경 오염이 없는 착한 에너지
재생 에너지

화석 연료나 원자력을 대신할 다른 에너지 자원은 없을까? 있어! 태양, 바람, 물 등 자연에서 얻는 에너지야. 태양은 매일 떠오르고 바람도 늘 부니까 아무리 써도 없어지지 않는 에너지 자원이지. 다시 쓸 수 있다고 해서 **재생 에너지**라고 해. 재생 에너지는 자연의 힘으로 만드니 환경 오염을 시킬 염려도 적어.

처음에는 재생 에너지를 만드는 비용이 화석 연료를 쓰는 것보다 비쌌어. 또 에너지를 많이 만들어 내지도 못했지. 하지만 이제 점점 기술이 발전하면서 비용은 줄어들고 효율은 높아지고 있단다.

"온실가스와 자원 고갈을 막을 수 있는 건 재생 에너지야!"

그래서 여러 국가에서는 재생 에너지 개발에 더욱 힘쓰고, 적극적으로 사용하도록 권하고 있어.

그럼 어떤 재생 에너지가 있는지 종류를 알아볼까?

⚡ 바람아, 불어라! 풍력 에너지

풍력 에너지는 바람이 부는 힘으로 얻는 에너지야. 풍력 발전기의 커다란 날개가 바람에 돌아가면 그 힘으로 전기를 만들지. 그래서 풍력 발전기는 보통 바람이 많이 부는 곳에 세워.

⚡ 아낌없이 주는 태양 에너지

태양 에너지는 내리쬐는 태양의 열과 빛을 에너지로 쓰는 거야. 태양의 열을 모아 물을 끓여 발전기로 전기를 얻는 것을 태양열 에너지, 태양의 빛을 모아 직접 전기로 바꾸어 쓰는 건 태양광 에너지라고 해. 그러니 햇볕이 사정없이 내리쬐는 사막이나 기온이 높고 건조한 지역에서 태양 발전을 한다면 안성맞춤이겠지?

⚡ 물아, 흘러라! 수력 에너지

흐르는 물의 힘으로 전기를 만드는 것을 **수력 에너지**라고 해. 댐을 떠올리면 된단다. 댐에 물을 많이 가두었다가 그 물을 아래로 떨어뜨려 발전기를 돌려. 하지만 아무 데서나 수력 발전을 하지는 못해. 가파른 골짜기가 있는 산속이면서, 비가 많이 와서 물이 많은 곳이어야 하지.

재생 에너지의 종류

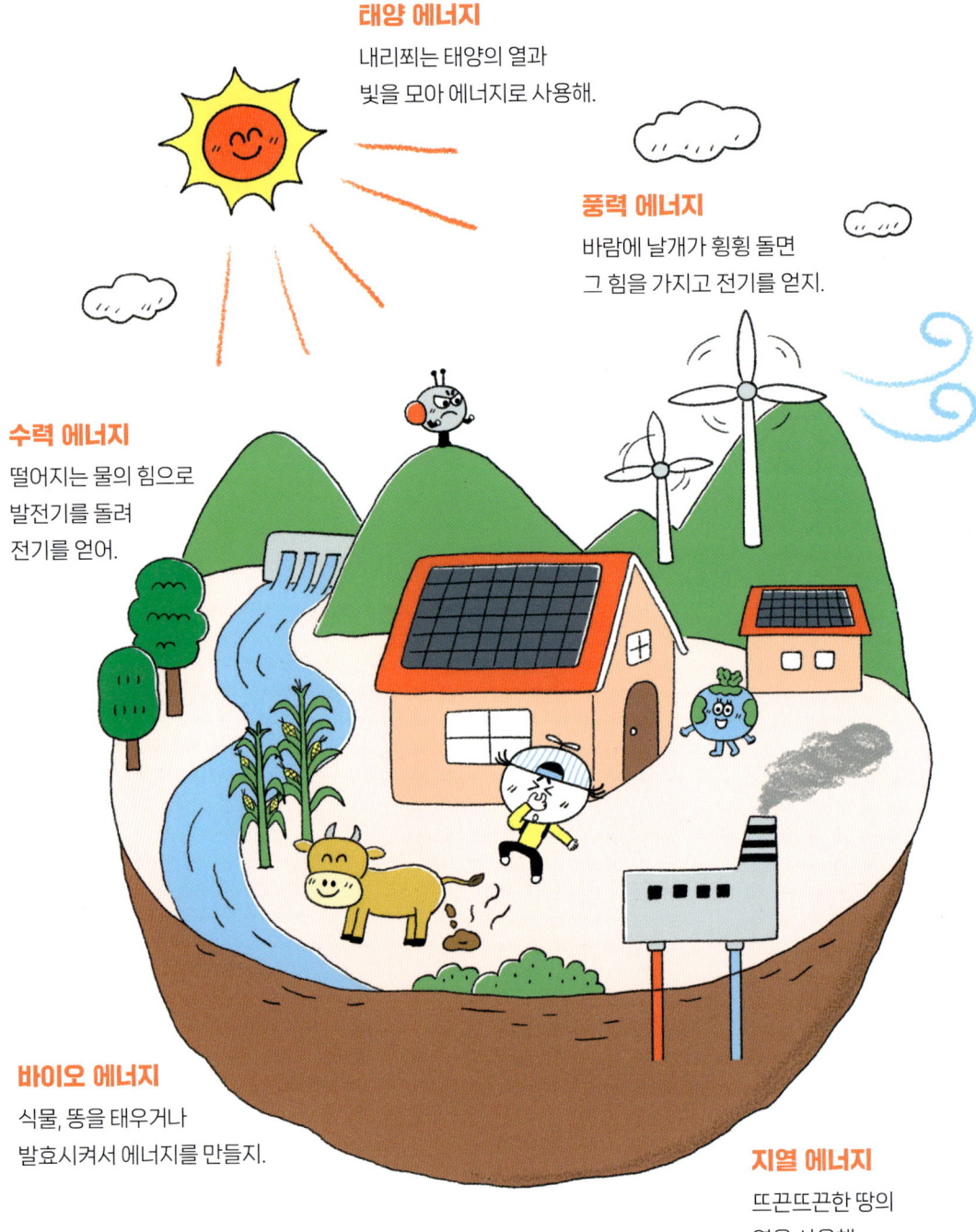

태양 에너지
내리쬐는 태양의 열과 빛을 모아 에너지로 사용해.

풍력 에너지
바람에 날개가 휭휭 돌면 그 힘을 가지고 전기를 얻지.

수력 에너지
떨어지는 물의 힘으로 발전기를 돌려 전기를 얻어.

바이오 에너지
식물, 똥을 태우거나 발효시켜서 에너지를 만들지.

지열 에너지
뜨끈뜨끈한 땅의 열을 사용해.

⚡ 땅속이 뜨끈뜨끈, 지열 에너지

땅속 열을 에너지로 이용하는 것이 **지열 에너지**야. 펑 하고 터지는 뜨거운 화산이나 뜨끈뜨근한 물이 저절로 나오는 온천처럼 지구 안에는 원래 열이 있거든. 그리고 밑으로 내려갈수록 더 뜨거워지지. 이런 뜨거운 땅속에 물을 넣어 끓여서 전기를 만드는 방식이야.

⚡ 생물들이 주는 바이오 에너지

바이오매스를 통해 얻는 에너지를 **바이오 에너지**라고 해. 바이오매스는 동물과 식물, 여기서 나오는 모든 물질을 말한단다. 옥수수, 볏짚 등을 발효시켜 에너지를 만들거나 음식물 찌꺼기나 가축의 똥을 분해해서 가스를 얻기도 해.

재생 에너지를 얻는 햇빛, 바람 등 자연 현상은 언제나 똑같지 않아서 날씨나 계절에 따라, 장소에 따라 재생 에너지 생산량이 크게 달라질 수 있어. 재생 에너지의 아쉬운 부분이지. 하지만 환경 오염이 거의 없고 무한히 쓸 수 있는 에너지니까 이용할 수 있는 기술을 앞으로 계속 발전시켜야 할 거야.

우리가 꼭 갖고 싶은 꿈의 에너지
인공 태양/다이슨 구

재생 에너지는 무한히 쓸 수 있는 친환경 에너지이지만 날씨나 계절의 영향을 받아 항상 일정하게 에너지를 만들기는 어려워. 에너지 문제를 완전히 해결할 더 나은 방법은 없을까?

그래서 연구하는 게 **인공 태양**이야! 태양이 열을 내는 것과 똑같은 현상이 일어나도록 만든 기계지. 인공 태양은 온실가스와 방사능 물질이 거의 나오지 않으면서도 태양처럼 엄청난 에너지를 무한정 만들어. 그래서 기후 위기와 자원 고갈을 동시에 해결할 수 있지.

물론 아직 완성되지는 않았어. 인공 태양을 만들기 위해 핵융합을 일으키는 조건이 까다롭거든. 1억 도가 넘는 온도를 만들어야 성공할 수 있다고! 실제 태양 표면 온도가 약 6,000도인 것을 생각하면 정말 어렵겠지? 하지만 많은 과학자들이 연구에 매달리고 있어.

꿈의 에너지를 얻을 또 다른 아이디어도 있어. 바로 우주의 태양을 감싸는 것! **다이슨 구**라는 거대한 덮개로 태양을 덮어서 태양이 뿜어내는 에너지를 바로 모으는 거야. 지구를 비켜나서 우주로 가는 태양 에너지를 몽땅 붙잡으면 무제한으로 쓸 수 있는 엄청난 양이 되거든. 하지만 이 큰 구조물을 만들려면 최고의 기술과 자원이 필요해서 아직은 연구 중이란다.

전기가 멈추는 날은 세상이 멈추는 날
대정전(블랙아웃)

여름철 폭염이 이어지면 에어컨 없이 버티기 힘들어. 모두가 에어컨 아래서 더위를 식히려면 전기도 동시에 많이 쓰게 되지. 기후 변화로 폭염은 더 심해질 거야. 이럴 때 늘어나는 전기 사용을 다 감당하지 못하면 어떻게 될까?

전기 사용량이 많은데 보낼 전기가 부족해지면 순간 전체가 작동을 딱 멈추고 정전이 되어 버려. **대정전(블랙아웃)**이라고 하지. 그런데 오늘날은 세상 거의 모든 것들이 전기로 움직이고 있잖아. 단 몇 시간만 정전이 되어도 피해가 아주 커.

만일 밤이라면 도시는 빛 하나 없는 암흑이 될 거야. 도로에는 신호등이 다 꺼져서 자동차들이 뒤엉킬 거고, 엘리베이터나 지하철에 타고 있었다면 갇혀 버릴 수 있어. 만일 병원에서 누군가가 수술 중인데 의료 기기의 전기가 나간다면? 정말 위험하겠지. 뿐만 아니라 통신망을 연결하는 장치도 꺼지니까 인터넷도 끊어져. 스마트폰과 컴퓨터가 되지 않고, 마트에 가도 신용 카드로 물건을 살 수가 없어. 세상이 다 멈추는 거야.

대정전을 막을 방법은 뭘까? 나라는 기후 변화에 대비해 늘어나는 전기 사용량을 예측하고 에너지 대책을 세워야 해. 사람들이 전기를 가장 많이 쓰는 계절에도 전기가 부족하지 않게 관리해야 하고. 또 우리 각자는 전기를 아껴 써야겠지? 110쪽에 나오는 전기 절약 방법도 알아 두고 실천해 보렴.

블랙아웃

축구공을 차고 놀면 전기가 만들어진다고?
적정 기술

적정 기술은 어떤 지역 사람들의 경제 수준에 맞게 만들어 낸 기술을 말해. 가난한 지역이나 개발 도상국에서는 생활에 꼭 필요한 기술을 개발하고 싶어도 돈이 많이 들어서 개발하기 어려울 때가 있어. 그래서 그 지역 형편에 맞게 비용이 적게 드는 기술을 개발하려는 것이지. 적정 기술은 환경을 생각하고, 에너지를 아끼는 기술이기도 해. 예를 들어 볼까?

어느 가난한 동네에 물이 오염되었다고 해 봐. 이곳 사람들은 정수기를 살 돈이 없어서 그 물을 그냥 마실 수밖에 없단다. 그래서 배앓이를 심하게 하거나 병에 걸리기도 해. 실제로 아프리카의 수많은 사람들이 겪고 있는 일이지.

그래서 나온 적정 기술이 정수 빨대야! 빨대처럼 생긴 둥근 관에 오염된 물을 정화하는 필터를 넣어 만든 발명품이지. 이것을 물에 넣고 빨아들이면 깨끗해진 물을 먹을 수 있어. 적은 비용으로 만들고, 전기를 쓰지 않아도 되는 좋은 적정 기술이지?

또 전기가 들어오지 않는 산골 동네에 사는 아이들은 밤에 책을 보고 싶어도 어두워서 볼 수 없어. 이곳 아이들을 위해 나온 적정 기술도 있지. 바로 전기를 만드는 축구공!

아이들이 낮에 축구공을 가지고 뛰놀면 공이 움직인 힘이 그 안에서 전기로 바뀌어. 밤이 되어 축구공에 전등을 딱 꽂으면? 환한 불이 들어오지. 어때, 신나게 놀고 전기도 만드니 참 좋지?

만드는 데 큰돈이 들지 않고, 에너지를 절약하고, 환경을 생각하고, 더 나은 삶을 살게 하는 적정 기술! 너도 아이디어를 마구 떠올려 봐.

어떤 상황에서도 에너지를 지켜라!
에너지 안보

'안보'라는 말을 아니? 이 말은 안전을 보장받는다는 뜻이야. 요즘은 **에너지 안보**라는 말도 써. 한 나라가 쓸 에너지를 안전한 정도로 갖고 있다는 뜻이지. 왜 이런 말이 나왔을까?

지구에 있는 석탄, 석유 같은 화석 연료의 양은 정해져 있어. 너무 많이 쓰다 보면 언젠가 고갈될 수 있지. 여기에 미리 대비하지 못하면 앞으로 에너지를 충분히 갖지 못할 수도 있어.

또 석유가 많이 나는 나라에서 갑자기 석유가 부족하다며 가격을 쑥 올리거나 수출하지 않겠다고 하면 어떻게 될까? 석유를 수입해서 에너지를 얻던 나라들은 순간 위기를 맞을 거야. 이처럼 에너지는 다른 나라를 위협하는 무기가 되기도 하지.

2021년 러시아가 그랬어. 유럽은 러시아에게 천연가스를 수입해서 에너지로 썼는데, 러시아가 유럽으로 가는 가스관을 갑자기 잠가 버렸거든. 그래서 써야 할 전기와 가스가 크게 부족

해졌어. 공장을 돌리는 비용이 너무 올라 기업들은 큰 피해를 봤고, 사람들은 난방을 못 해 겨울을 벌벌 떨며 보냈지. 겨울이 더 추웠다면 얼어 죽는 사람도 생겼을 거래. 끔찍하지? 바로 에너지 안보에 위기가 생긴 거야. 이때부터 유럽은 한 나라나 한 가지 자원에 의존하지 않고 다양하게 에너지를 얻기로 했어.

우리나라는 어떨까? 역시 에너지 자원이 적어서 외국에서 90퍼센트나 수입하고 있어. 그러니 유럽처럼 수입이 갑자기 끊기고 가격이 많이 오른다면 정말 큰 위기가 될 거야.

우리도 태양, 풍력 등 재생 에너지 기술을 더욱 발전시키고, 다양한 방법으로 스스로 에너지를 얻으려 노력해야 해. 우리 각자 생활에서 에너지를 절약하는 것도 정말 중요하지.

지구 환경을 잘 지키는 기업만이 성공해
RE100

RE100은 기업이 사용하는 전력의 100퍼센트를 재생 에너지로 하겠다는 캠페인을 말해. 재생 에너지 전기(Renewable Electricity) 100의 약자로, 지구 환경을 살리기 위해 화석 연료 대신 풍력, 수력, 태양광 등 이산화 탄소 배출이 아주 적은 재생 에너지로만 제품을 생산하자는 것이지.

2014년 RE100이 처음 시작된 뒤로, 참여하는 기업은 매년 늘고 있어. 구글이나 애플, 마이크로소프트 등 수백 개의 세계적 기업들이 빠르면 2030년, 늦어도 2050년까지 RE100을 달성하기로 약속했지. 우리나라도 아직 수는 많지 않지만 참여하는 기업이 늘고 있어.

RE100은 법으로 정한 게 아닌 자발적인 캠페인일 뿐이야. 하지만 갈수록 참여하는 기업이 느는 건 지구 환경이 좋아야 기업이 계속 활동할 수 있고 이익을 낼 수 있다는 걸 알기 때문이란다. 세계 곳곳으로 수출을 할 때에도 RE100을 잘 지키는 기업이 더 유리하고, 지키지 않는 기업은 큰 손해를 보게 될 거야.

"환경을 생각하지 않는 기업의 제품은 사지 맙시다!"

소비자들도 환경을 중요하게 여기고 있어. 환경에 나쁜 영향을 주는 기업의 제품은 점점 팔기가 어려워지지. 이처럼 기업은 경쟁력을 높이기 위해서라도 환경에 세심하게 신경 써야 해. 하지만 기업이 이처럼 재생 에너지로 바꾸거나 친환경 설비를 꾸리려면 비용이 많이 들겠지? 그래서 나라에서는 보조금이나 세금 혜택을 주는 것 등으로 기업을 도와주고 있단다.

지구 환경을 먼저 생각하는 게 경제적으로도 더 큰 이익이야. 모두의 노력으로 오래오래 살기 좋은 지구가 되면 좋겠어.

하루 딱 1킬로와트, 에너지를 아끼는 방법
쉬운 전기 절약 이야기

집 안을 둘러 봐. 전기를 사용하는 편리한 물건들이 정말 많아!

전기 사용이 자꾸 늘어나는 지금, 하루 딱 1킬로와트만 전기를 절약해 보자.

하루 260원, 한 달이면 7,800원을 아끼고 그만큼 기후 위기를 막을 수 있어.

도전해 봐. 아래 1, 2, 3번만 매일 따라 해도 쉽게 성공할 수 있어!

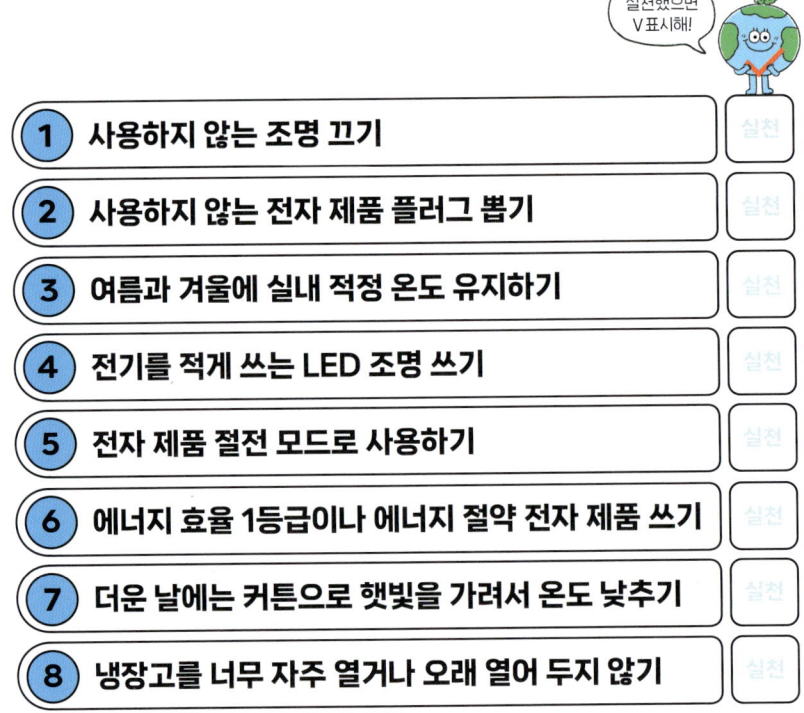

1	사용하지 않는 조명 끄기	실천
2	사용하지 않는 전자 제품 플러그 뽑기	실천
3	여름과 겨울에 실내 적정 온도 유지하기	실천
4	전기를 적게 쓰는 LED 조명 쓰기	실천
5	전자 제품 절전 모드로 사용하기	실천
6	에너지 효율 1등급이나 에너지 절약 전자 제품 쓰기	실천
7	더운 날에는 커튼으로 햇빛을 가려서 온도 낮추기	실천
8	냉장고를 너무 자주 열거나 오래 열어 두지 않기	실천

전기 절약

LED 조명

일반 조명보다 절반이나 전기를 아낄 수 있어.

에너지 효율 1등급이 5등급보다 전기를 40퍼센트나 아껴.

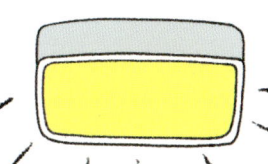

콘센트를 안 뽑아도 전기를 차단하는 제품도 있어.

겨울철에는 1도 낮게, 여름철에는 1도 높게 지내 봐.

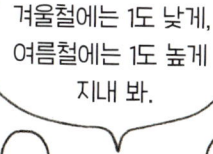

옷을 따뜻하게 입어.

옷을 시원하게 입어.

겨울 적정 온도 18℃~21℃

여름 적정 온도 25℃~26℃

찾아보기

RE100 108~109

ㄱ

가뭄 23~25, 28~29, 83
공룡 78
그레타 툰베리 34~35
기상 20
기상 이변 22
기후 20, 26

기후 난민 28~29
기후 변화 20~22, 25, 28~29, 66, 70~71, 73, 80, 83~85, 91, 102~103
기후 악당 34
기후 위기 20~21, 32~35, 91, 110
기후 재난 22~23, 25

ㄴ, ㄷ

날씨 20, 22~23, 25, 82, 99, 100
다이슨 구 101
대정전(블랙아웃) 102~103

도도새 78~79
도시 광산 55
디지털 탄소 발자국 30~31

ㄹ, ㅁ

로봇 49, 57
로컬 푸드 77
먹이그물 65
먹이사슬 65
메탄 15, 18~19

멸종 동물 78
멸종 위기 동물 80
미세 먼지 35
미세 플라스틱 44~45, 48~49
밀랍 81

ㅂ

바나나 68~70
바다 쓰레기 46~49, 51
바다 쓰레기통 49
바바리사자 79
바이오 에너지 98~99

방귀 세 18~19
방사능 물질 95, 100
방사선 95
벌(꿀벌) 21, 66~67
분리배출 40, 53, 58

분해자 64~65
비닐봉지 40, 47, 49, 61, 87

비치 코밍 50~51
빙하 26, 80

ㅅ

사막화 84~85
산업 혁명 12, 15, 17, 92
새활용(업사이클링) 52~53
생물 다양성 68
생산자 64
생태계 64~67, 70, 75
생태계 파괴 66~67, 70
석유 15, 91~93, 106
석탄 13, 15, 91~93, 106
소비자 64
수력 에너지 97~98

순환 경제 58~59
식량 68, 70, 72~75
식량 위기 72~74
쓰레기 20, 38~41, 46~50, 52~54, 56, 61, 95
쓰레기 섬 48~49
쓰레기 제로(제로 웨이스트) 38, 40~41, 61
씨빈 49
씨앗 금고 70
씨앗 은행 70
씨앗 전쟁(종자 전쟁) 70

ㅇ

아마존 82~83
에너지 90~111
에너지 안보 106~107
여행비둘기 79
열대 우림 82~83
온실 효과 14~15, 18
온실가스 14~19, 27, 30~34, 40, 91~93, 95~96, 100
왕가리 마타이 85
우주 쓰레기 56~57

원자력 94~96
원자력 발전소 94~95
유기농 76
유전자 68~69, 74
유전자 다양성 69
이산화 탄소(탄소) 15, 17~18, 30~33, 83, 108
인공 태양 100
인공위성 56~57
일회용품 40, 42, 61, 87

ㅈ

자원 고갈 93, 96, 100
자원 순환 58~59
재사용 40, 52
재생 에너지 32, 96, 98~100, 107~109
재활용(리사이클링) 52~53, 58~59, 61
적정 기술 104~105
전기 17, 33, 95, 97, 102~103, 105~106, 110~111

전기 절약 110~111
전자 쓰레기 54~55
중금속 54
지구 열대화(지구 열탕화) 16~18, 20, 22, 33, 91, 93, 95
지구 온난화 16~17
지엠오(GMO, 유전자 조작 생물체) 74~75
지열 에너지 98~99

ㅊ ㅌ

천연가스 91~92, 106
친환경 45, 100, 109
탄소 발자국 30~31
탄소 중립 32~33

태양 에너지 15, 97~98, 101
태풍 23
투발루 26~28

ㅍ

파란영양 79
폭염 23~24, 102
풍력 에너지 97~98

플라스틱 39~40, 42~43, 46~47, 49, 52~53, 58, 86~87
플로깅(쓰담 달리기) 50

ㅎ

해수면 상승 26
핵분열 95
핵폐기물 95
헝거 스톤 24~25
호르몬 86
홍수 23
화석 연료 13, 15, 91~96, 106, 108

환경 10~13, 17, 29, 64, 68, 78, 109
환경 보호 35
환경 오염 55, 65~66, 91, 96, 99
환경 운동가 34, 85
환경 챌린지 60~61
환경 호르몬 86~87

지구 환경 단어 가로세로 퀴즈

책을 읽기 전이나 책을 읽고 나서 도전해 봐!

가로
1. 열대 지방에 있는 크고 무성한 숲
3. 소의 방귀에 들어 있는 강력한 온실가스
6. 조깅을 하면서 쓰레기를 줍는 것
7. 대기에 너무 많으면 지구를 더워지게 하는 가스
8. 에너지를 내는 연료인 석탄, 석유 등을 부르는 말, ○○ 연료
9. 자동차, 전자 제품 등 모든 것을 움직이는 힘

세로
1. 지구가 더운 것을 넘어 펄펄 끓는다는 뜻, 지구 ○○○
2. 우주를 떠도는 못 쓰는 인공위성이나 로켓, ○○ 쓰레기
4. 탄소를 내보낸 만큼 똑같이 줄여서 0으로 만드는 것
5. 쓰레기를 0에 가깝게 줄이는 것, 쓰레기 ○○
6. 열과 압력으로 원하는 모양을 쉽게 만들 수 있어 일회용품에 많이 쓰이는 물질
7. 지구가 점점 더워진다는 뜻, 지구 ○○○
9. 더울 때 틀면 시원해지는 전자 제품
10. 유전자 조작을 한 생명체를 뜻하는 영어 이름

파스텔 읽기책 04

더운 지구
뜨거운 지구
펄펄 끓는 지구

초판 발행 2023년 11월 15일
초판 2쇄 발행 2024년 5월 24일
글 유다정 **그림** 김잔디 **감수** 박기영
기획편집 최문영 **디자인** 박미경 **제작** 공간
펴낸이 최문영 **펴낸곳** 파스텔하우스 **출판등록** 제2020-000247호(2020년 9월 9일)
주소 04038 서울특별시 마포구 잔다리로 48, 3층
전화 02-332-2007 **팩스** 02-6007-1151 **이메일** pastelhousebook@naver.com
ISBN 979-11-983329-2-9 73400

글 ⓒ 유다정 그림 ⓒ 김잔디

잘못 만들어진 책은 서점에서 바꾸어 드립니다.
이 책은 저작권법에 따라 보호받는 저작물이므로 무단 전재와 무단 복제를 금합니다.
이 책의 전부 또는 일부를 이용하려면 반드시 저작권자와 출판사의 서면 동의를 받아야 합니다.

홈페이지 pastelbook.co.kr **인스타그램** @pastelhousebook
다양한 책 이벤트에 참여하고, 독후 활동 자료도 받으세요.
어린이 독자님의 의견과 질문을 언제나 환영합니다.

제품명 아동도서	주의사항 종이에 베이거나 긁히지 않도록 조심하세요.
제조사명 파스텔하우스	책 모서리가 날카로우니 던지거나 떨어뜨리지 마세요.
제조국명 한국	KC마크는 이 제품이 공통안전기준에 적합하였음을
사용연령 8세 이상	의미합니다.

이 책은 경기도, 경기문화재단의 지원을 받아 발간되었습니다.

책 속의 작은 환경 실천!

❋ 표지는 숲을 보호하며 만들어 낸 종이(산림관리협의회FSC 인증)인 한솔제지 앙상블 E클래스 ExtraWhite를 사용했습니다.

❋ 머리말과 본문 '어린이가 해 봐요!'의 제목은 글자에 작은 구멍을 뚫어 잉크를 35퍼센트 아낄 수 있게 한 나눔글꼴에코를 사용했습니다.

❋ 책 전체를 친환경 콩기름 인쇄로 제작했습니다.